Collection
PROFIL LITTÉRATURE
dirigée par Georges Décote

Série
PROFIL D'UNE ŒUVRE

Éthiopiques

L. S. SENGHOR

Thèmes
Écriture
Lexique détaillé

ROBERT JOUANNY
professeur à la Sorbonne

HATIER

SOMMAIRE

© HATIER, PARIS, AOÛT 1997 ISSN 0750-2516 ISBN 2-218 71926-6

Ce lexique comporte :
- tous les termes (empruntés exclusivement à *Éthiopiques*, quelques uns seulement à la « Postface ») concernant l'Afrique ou l'environnement culturel de Senghor ;
- un certain nombre de termes, appartenant au lexique de la critique littéraire et de l'histoire de la civilisation africaine.
Tous ces termes sont, dans ce « Profil », suivis d'un astérisque *.

L'édition de travail pour ce « Profil » est celle de l'*Oeuvre poétique*, coll. « Essais », éd. du Seuil, 1990.

En guise d'introduction

L'œuvre de Léopold Sédar Senghor n'est pas facile d'accès. Outre les difficultés propres à la poésie, elle témoigne d'une culture différente de la culture occidentale. Bien que ce brillant universitaire sénégalais ait été marqué par les apports d'une culture classique dont il s'est toujours fait le défenseur, Senghor est d'abord un poète africain. L'Afrique n'apporte pas la clef de son œuvre, elle se confond avec elle : la langue maternelle du poète, l'évocation d'un pays, d'une civilisation, d'une histoire auxquels Senghor n'a cessé d'être associé, s'imposent au point d'embarrasser parfois. Pour peu que le lecteur s'aide du lexique, situé à la fin de ce volume, il constatera que la poésie senghorienne, en dépit de ses difficultés, de son ambiguïté, de ses contradictions même, est d'une richesse singulière en même temps qu'universelle. Elle autorise parfois une lecture subjective.

La carrière de L.S. Senghor

L'œuvre de Senghor est associée, plus qu'il ne paraît à première lecture, au déroulement de sa vie privée, depuis son enfance jusqu'à sa carrière politique et à sa consécration littéraire.

« Au Royaume d'enfance »

Les Sérères*, groupés dans le sud du Sénégal, autour du peuple fleuve Saloum*, ont préservé une personnalité et une langue propre, en dépit de leurs affrontements avec les ethnies voisines – Peuls*, Mandingues*. Société de cultivateurs, à base matriarcale, ils conservent des traditions ancestrales et la religion animiste* demeure très forte même en milieu christianisé. C'est dans ce pays, à Joal* que naît Léopold Sédar Senghor en 1906. Son nom même atteste le « métissage culturel » dont il se fera le héraut : *Léopold* parce que sa famille est chrétienne ; *Sédar* (« qu'on ne peut humilier »), par tradition sérère*; *Senghor* en souvenir, suggère-t-il, d'un lointain ancêtre portugais (senhor).

Fils d'un riche commerçant, Diogoye (« le Lion »), qui veille de loin sur ses quatre épouses et ses nombreux enfants, il est surtout proche de sa mère, la modeste Gnilane et, plus encore, comme le veut la tradition africaine, de son oncle maternel, Toko'Wali. Celui-ci l'initie aux réalités de la nature, au monde des étoiles et des Esprits : « Je passais de longues après-midi avec mes bergers, écoutant leurs récits bleus et regardant réellement vivre leurs personnages : des Morts, des animaux, des arbres, des cailloux. » confie-t-il.

L'école des Blancs

Après sept ans de vie sans contrainte au « royaume d'enfance », Senghor est élève de la Mission catholique de

Joal puis de la Mission de Ngasobil, village proche. Il y apprend presque simultanément ses premiers mots de français, de wolof* (langue majoritaire du Sénégal) et de latin. À partir de 1923, il part pour Dakar et suit les enseignements religieux du Collège-Séminaire Libermann (qu'il ne tarde pas à quitter, faute d'une vocation religieuse assez forte). Enfin, à partir de 1926, il entre au Cours secondaire laïque (aujourd'hui Lycée) de Dakar, où il poursuit de bonnes études jusqu'au baccalauréat (1928).
Dès cette époque, il ne tarde pas à critiquer le comportement de maîtres, trop paternalistes à son gré, et il éprouve un premier désir de « prouver la valeur de la culture noire » ; en même temps, rare Africain à être admis au Cours secondaire, il apprécie la richesse de la culture française (il dévore tous les livres de la bibliothèque) et la fécondité du dialogue d'égal à égal avec des camarades blancs. De là naissent deux composantes fondamentales de sa pensée politique, culturelle et morale, qui vont s'affirmer à Paris.

Paris

Titulaire d'une modeste demi-bourse d'études, il vient alors à Paris, à la Sorbonne d'abord, puis au Lycée Louis-le-Grand, où il se lie d'amitié avec des maîtres éminents et avec des condisciples appelés à un brillant avenir (tels Georges Pompidou). Il ne tarde pas, au prix d'un travail intense à obtenir la licence de Lettres classiques et, en 1935 l'agrégation de grammaire. Le sort en est jeté : il sera professeur et il débute effectivement au Lycée de Tours, puis au Lycée de Saint-Maur (1938). Mais la vie en décidera autrement. Ce jeune Africain, le premier à avoir été reçu au difficile concours de l'agrégation, ne sera pas « le fonctionnaire qui a autorité, le marabout aux disciples charmés ».

Dès son arrivée à Paris, il ne tarde pas, en effet, à s'interroger sur les connotations politiques, sociales et morales de l'enseignement reçu au Sénégal colonisé ; Georges Pompidou l'amène à l'Association des étudiants socialistes dès 1930, et ses premiers écrits témoignent d'une adhésion à un idéal de gauche qui, en ces années de montée du fascisme, est celui de nombreux intellectuels. Mais parallèlement, il réfléchit sur sa condition de Nègre[1] et rejoint ceux - Antillais surtout- qui, dans de petites publications ou au cours de longs débats mettent en question la colonisation. En 1935 il collabore à *l'Étudiant noir* et sent monter en lui la revendication à la fois anticolonialiste et culturelle, qui fera de lui l'un des fondateurs de la Négritude*.

Entre la France et l'Afrique

L'éloignement du modèle culturel français ne se fait pas sans difficulté : les premiers poèmes qu'il écrit le montrent influencé par Verlaine, par Baudelaire, par un lyrisme un peu mièvre ; il y associe exotisme facile et cris de colère du Nègre solitaire et exploité. Sensible au charme de la terre d'accueil qu'il découvre à l'occasion de séjours en Touraine ou sur les bords de la Méditerranée, il rêve un instant d'épouser une jeune française et ne renonce à ce projet que par fidélité au mythe de l'Afrique et de la « femme noire ». Il semble alors s'orienter vers la carrière typique de l'intellectuel exilé, fidèle à son pays natal, mais de loin, tout en préparant une thèse de linguistique africaine et en enseignant la littérature orale africaine.

Mais, simultanément, son engagement politique et ses réflexions personnelles sur l'Afrique l'amènent à ne pas considérer son continent comme le témoin d'un passé révolu, réservé à la curiosité des ethnologues et des linguistes. Il espère contribuer à rendre à l'Afrique sa place dans la continuité dynamique de l'histoire des civilisations et il se présente comme un défenseur de la culture noire dont il veut conserver la vivante authenticité. Ses premiers écrits- une conférence assez mal accueillie, à Dakar, sur « le Problème culturel en A.O.F*. » (1937), et surtout un article sur « Ce que l'homme noir apporte » (1939) - définissent sa ligne de pensée. Les poèmes qu'il publie dans diverses petites revues attestent son adhésion à l'idéal d'un homme de gauche et d'un défenseur des valeurs africaines.

---

1. Senghor tient, pour affirmer son identité, à utiliser le terme de Nègre, plutôt que celui de Noir.

L'expérience de la guerre (1939-1942)

Affecté à l'infanterie coloniale à la déclaration de guerre et amené, à partir de juin 1940, à rencontrer, en captivité, d'autres Noirs, Senghor retrouva auprès d'eux un sens de la fraternité noire que l'intellectuel avait un peu oubliée. Il découvrit aussi que les Blancs, dans l'adversité, loin de se comporter comme des êtres surhumains, pouvaient eux aussi souffrir de la solitude, du dénuement et souvent se montrer moins nobles que les petits Nègres apparemment voués aux tâches serviles. De cette expérience de la vie réelle naquit une réflexion sur la crise des civilisation, mettant en question la suprématie blanche et incitant, dans les années qui suivirent, tant de peuples colonisés à oser relever la tête. De la captivité, Senghor tira la leçon qu'il ne suffisait pas d'abattre une société mauvaise, comme le préconisaient certains révolutionnaires, mais qu'il fallait aussi rebâtir une société fraternelle. Libéré en 1942, il reprend ses travaux de recherche, et, en même temps, dans l'esprit de la Résistance et aux côtés de ses semblables, mène un combat idéologique. Son espoir de dresser « la Cité dans le jour bleu », l'amène à « tomber dans la politique », pour reprendre son expression.

Vers l'engagement politique africain

Appelé par De Gaulle, dès la Libération, à réfléchir sur le destin de l'Afrique il revint au Sénégal en 1945. Élu député, il devint bientôt ministre de la IVe République. Cet « ambassadeur du Pays Noir », partisan de l'autonomie des colonies, prit vite la tête du « Bloc Démocratique sénégalais » (au prix d'une rupture d'avec le Parti Socialiste qu'il jugeait trop indifférent à la spécificité du problème des Noirs) ; il fut l'artisan de l'indépendance de son pays dont il devint de 1960 à 1980 le premier Président de la République. Retiré en Normandie, il a volontairement renoncé à toute activité politique et se consacre à son œuvre d'écrivain et de poète. L'année 1996 a permis, pour son quatre-vingt-dixième anniversaire, de rendre hommage à travers le monde, à l'homme qui, parfois critiqué par ses adversaires politiques, n'en est pas moins considéré comme la figure de proue de l'Afrique contemporaine.

L'homme et le poète

C'est après la fin de la guerre que l'œuvre poétique de Senghor, jusque là confinée dans de petites revues, atteint le grand public. Il publie successivement plusieurs recueils qu'il est malaisé de caractériser en quelques mots, tant ils témoignent de la richesse de son lyrisme.

Des *Chants d'ombre* (1945), où il réunit des poèmes, pour la plupart publiés avant la guerre, retenons le désarroi de l'homme confronté à un monde qui le fascine et le blesse, partagé entre les contradictions qui s'expriment en lui. Que faire ? La route sera longue mais il est prêt à s'y engager résolument, à reprendre « le chemin de l'Europe, dans le regret du Pays noir ».

Dans *Hosties noires* (1948) se juxtaposent des poèmes de guerre et de captivité, amers et toniques, et des épanchement lyriques. On y observe surtout le passage, à la lumière de l'expérience, d'une inspiration rageusement révolutionnaire (« À l'appel de la race de Saba ») à l'espoir d'une fraternité universelle. Un dialogue avec la France s'y établit, en dépit des griefs qu'il peut formuler à son encontre (« Prière pour la paix »).

Dans les deux recueils suivants, *Éthiopiques* (1956) et *Nocturnes* (1961), la perspective est différente, moins individualiste, plus liée à l'engagement politique et à l'exercice du pouvoir. Le poète a moins besoin de s'interroger sur l'Afrique et sur l'homme noir : ils s'imposent, forts de leur passé et de la richesse des traditions tandis que se précise en contrepoint une thématique érotique liée à sa vie personnelle.

En effet Senghor a épousé, en 1945, la fille du Gouverneur-Général Éboué, Ginette Éboué, qui lui a inspiré en 1949 des *Chants pour Naett*, repris dans *Nocturnes* sous le titre de « Chants pour Signare », puis, en 1951, la Normande Colette Hubert, avec laquelle se poursuit un long dialogue poétique dans les *Lettres d'hivernage*. Ce recueil est publié en 1973, après un long silence qu'expliquent les activités politiques du Poète-Président. Il témoigne précisément, sur un ton très dépouillé, de la difficulté que Senghor éprouve à concilier les divers aspects de sa personnalité, rêve de Normandie et réalité du Sénégal, besoin de tendresse et sentiment du devoir. Il sera suivi en 1979 d'un recueil de sept *Élégie majeures*, poèmes de circonstances (parfois douloureuses, telles la mort de son fils Philippe-Maguilen, de Martin Luther King ou de Georges Pompidou). On doit aussi retenir l'« Élégie pour la Reine de Saba* », aboutissement d'une longue méditation sur ce personnage mythique.

Dans l'édition de 1990 de l'*Œuvre poétique* de Senghor est venu s'ajouter, sous le titre de *Poèmes perdus*, un recueil de ses tout premiers poèmes, que lui-même prétendait naguère avoir détruits et qui témoignent de la genèse de ses thèmes majeurs.

Parallèlement, Senghor a également publié une œuvre en prose considérable, où il aborde alternativement des questions d'ordre littéraire ou d'ordre politico-économique. Articles ou conférences, contributions parfois fondamentales à la connaissance de son art poétique et de sa conception de la culture africaine, ces écrits ont été réunis, depuis 1964, en cinq volumes sous le titre de *Liberté*. Peu avare de confidences sur la genèse de son œuvre et sur l'évolution de sa pensée, Senghor s'est également exprimé avec précision et chaleur dans *La Poésie de l'Action* (1980) et dans *Ce que je crois* (1988). Il a publié, en 1948, avec une introduction de Sartre (« Orphée noir »), une *Anthologie de la nouvelle poésie nègre et malgache*, qui a révélé au public l'apport du monde noir à la culture de notre siècle.

Le contexte historique

En quelque vingt ans, le rapport entre la France et son « Empire colonial » s'est profondément transformé sous la pression des événements. L'œuvre de Senghor tout entière illustre les divers moments de cette évolution, dans laquelle on peut distinguer quatre étapes principales : la prise de conscience de la condition de l'homme noir, l'affirmation de la Négritude, le combat anticolonialiste et les problèmes de l'Afrique des Indépendances.

Les lendemains de l'Exposition coloniale

L'Exposition coloniale de 1931, dont le but était d'exalter la grandeur civilisatrice de la France, à travers un siècle de politique coloniale marque la fin d'une époque. Depuis une vingtaine d'années, la découverte de l'Art nègre, puis du Jazz avaient fait naître l'idée que le monde noir n'était peut-être pas le monde barbare que l'Occident « honorait » en le « civilisant ». L'attribution en 1921 du Prix Goncourt au roman *Batouala*, du Guyanais René Maran, illustra, jusque par l'indignation qu'elle suscita dans certains milieux, le questionnement de l'après-guerre sur le Monde noir. Vers le même temps, les États-Unis virent se développer, principalement à Harlem, une « Negro-Renaissance » opposant au matérialisme des Blancs, la spontanéité, la créativité, le sens du rythme, les élans lyriques, fervents et mélancoliques, de la minorité noire. L'œuvre d'écrivains noirs comme Langston Hughes ou Claude Mac Kay fut découverte en France par les Antillais – des étudiants en majorité – qui venaient de plus en plus nombreux à Paris.

Une communauté noire commença à s'y organiser, animée par le désir de rivaliser, sur le plan littéraire, avec les Noirs américains et de les rejoindre dans leur combat contre l'exploitation par les colonisateurs ou les capitalistes blancs.

Le titre de la revue antillaise *Légitime défense* (un seul numéro, en 1932) exprime le sentiment de révolte contre la condition faite à l'homme noir dans le contexte colonial.

La Négritude*

Conscients d'appartenir à une collectivité souffrant de maux comparables et forte des mêmes valeurs, les intellectuels noirs s'accordent dans un commun désir de changer le cours des choses et se sentent proches des « prolétaires de tous les pays ». Dans un premier temps, ils rejoignent l'analyse marxiste de la lutte des classes et font route au côté du Socialisme qui leur laisse espérer « l'aube transparente d'un jour nouveau » comme l'écrit Senghor en 1936. Mais la politique d'assimilation* qu'encourage la gauche française ne tarde pas à être considérée comme une tentative de « récupération », occultant ou méconnaissant les problèmes propres à l'homme noir.

Le concept de Négritude, dont les promoteurs sont l'Antillais Césaire*(né en 1913), le Guyanais Damas* (1912-1978) et le Sénégalais Senghor, associe à la révolte une affirmation des valeurs proprement noires. La découverte de l'œuvre de l'ethnologue allemand Frobenius* donne, en 1937 un substrat philosophique et historique à ce qui était d'abord une réaction affective : « Quel coup de tonnerre, soudain ! [...] Dans nos laborieuses dissertations [...] il nous manquait, avec la vision en profondeur, l'explication philosophique. C'est Léo Frobenius qui nous donna et la vision et l'explication [de nos valeurs] » (Senghor, *Liberté III*, p. 398). Une autre influence déterminante fut celle du professeur Rivet qui posait comme postulat que « chaque ethnie, chaque peuple a sa civilisation, qui est le fruit succulent de la géographie, mais aussi de l'histoire, de la race, mais encore de la langue : de la vie en société » (*ibid.*, p. 217). En suivant ses cours, Senghor se libéra du complexe de « non-civilisation » et découvrit la réalité du métissage culturel comme fondement des grandes civilisations.

La Négritude, qui ne donna jamais lieu à une définition très précise, se fonde sur la conviction que « plonger jusqu'aux racines de notre race et bâtir sur notre profond fond, ce n'est pas retourner à l'état sauvage : c'est la culture même » (citation du Jamaïcain Mac Kay reprise par

Senghor). La différence culturelle se fonde non seulement sur le constat et la valorisation de la différence des races (voire de la lutte des classes), mais aussi sur un rapport différent à l'Art. L'Art de la Négritude s'appuie sur le rythme, les images, le mouvement, le ton et sur la place originale accordée à la parole créatrice.

Le combat anticolonialiste

Le combat pour la décolonisation est dès 1945 l'un des faits marquants de l'immédiate après-guerre. Elle fut le résultat des débats idéologiques d'avant-guerre, dans lesquels s'étaient engagés les intellectuels noirs et parfois blancs (en particulier les écrivains surréalistes) dès les années 30. Débats longtemps demeurés théoriques, au cours desquels le combat en faveur des races opprimées finit par s'associer à un engagement politique, dans le cadre d'une commune lutte des classes. Mais, dans les colonies elles-mêmes, un certain immobilisme régna jusqu'à la guerre, la principale revendication des élites bourgeoises étant d'être associées à la gestion des affaires locales.

L'expérience de la guerre et de la captivité, au cours desquelles les soldats africains furent particulièrement mal traités (voir *Hosties noires*) rendit la prise de conscience plus aiguë. D'autant plus aiguë que la défaite de la France en 1940 entraîna une considérable perte de prestige, un affaiblissement du potentiel répressif dans les colonies elles-mêmes et une montée des aspirations nationalistes. La fidélité massive de l'Afrique à la « France libre » de De Gaulle se fonda sur la promesse, relativement imprécise, d'une intégration progressive des peuples colonisés à une Union française (discours de De Gaulle, à Brazzaville, le 30 janvier 1944). Populations locales et intellectuels en vinrent à envisager la possibilité de modifier leur statut, même s'il ne s'agissait pas encore d'accéder à l'indépendance.

Dès la fin de la guerre, les pays les plus éloignés de la métropole, s'insurgèrent avec des succès divers : l'Indochine (occupée plusieurs années par le Japon), dès 1945, Madagascar, en 1947. Ils furent suivis, peu après par l'Algérie, en guerre de 1954 à 1962.

Voici que meurt l'Afrique des empires – c'est l'agonie d'une princesse pitoyable
Et aussi l'Europe à qui nous sommes liés par le nombril,

écrit Senghor dès 1944 mais il poursuit en exprimant le désir des Africains de répondre « présents à la renaissance du Monde » comme « le levain qui est nécessaire à la farine blanche » (« Prière aux masques », *Chants d'ombre*). Comme Césaire, défenseur de la départementalisation* des Antilles, Senghor fut un certain temps partisan de « jouer le jeu » d'un dialogue véritable avec la puissance colonisatrice. Mais un peu partout des émeutes ébranlaient ce qui avait été l'Empire colonial français, parallèlement des partis politiques s'organisaient, à la tête desquels, dans son pays, Senghor joua un rôle déterminant. Il fut successivement à la tête du « Bloc démocratique sénégalais » (1948), du « Bloc populaire sénégalais » (1956), qui se proposait de lutter pour l'autonomie interne, puis de l'« Union progressiste sénégalaise » (1958), qui l'amena au pouvoir.

L'Union française, créée par la Constitution de 1946 devint Communauté à la suite d'un référendum auquel tous les pays colonisés répondirent « oui », à l'exception de la Guinée. Mais on ne pouvait arrêter le cours de l'histoire : dès 1960, presque tous les États sortirent de la Communauté pour accéder à l'Indépendance, tout en restant liés à la France par des accords de coopération. La période post-coloniale commençait...

L'Afrique entre son passé et son avenir

La plupart des poèmes d'*Éthiopiques* (1956) ont été écrits dans les années qui ont précédé l'indépendance du Sénégal, alors que Senghor, homme politique avisé, jouait déjà un rôle déterminant dans l'évolution de son pays. À la différence de quelques uns de ses contemporains qui caressent l'illusion d'un retour à l'Afrique pré-coloniale, à « l'Afrique des empires », il admet l'irréversibilité de l'histoire et proclame la nécessité pour les jeunes États de construire l'Afrique nouvelle, non par la révolution sanglante qu'il a voulu et su éviter, mais par le dialogue et dans la lucidité.

Au moment où de nombreux Africains s'écrient : « *Afrique debout !* » (tel le poète ivoirien Dadié en 1950), le problème de l'identité africaine et du rôle de ceux qui auront à gérer le destin du continent se pose avec acuité. D'une part s'impose le désir d'une Restauration, fondée sur le respect des traditions ancestrales, le renouement avec les mythes fondateurs, le sens de la race, sans oublier une histoire réputée glorieuse suivie de siècles d'humiliation ; d'autre part le besoin se fait sentir d'une Rénovation, attentive aux apports de la colonisation et aux besoins concrets des jeunes États confrontés aux exigences de liberté et aux impératifs socio-économiques.

La transition, encore en cours aujourd'hui, pose un problème majeur dont témoigne la riche littérature – poétique ou romanesque – « post-indépendante » (ou « post-coloniale »). La fin du siècle a vu apparaître une génération de *chercheurs d'Afriques* (titre d'un roman du Congolais Henri Lopes, 1990) ; il s'agit d'intellectuels africains qui sont tous plus ou moins partagés entre les devoirs découlant de leur appartenance aux nouvelles classes dirigeantes et la simple résolution de leurs problèmes personnels. *Éthiopiques* est, à sa manière, un des premiers témoignages de cette double interrogation.

Analyse détaillée des poèmes

> Pour l'explication des termes difficiles ou des allusions contenues dans *Éthiopiques*, le lecteur pourra se reporter au lexique p. 153. Tous ces termes sont suivis d'un astérisque dans le « Profil ».

Éthiopiques est composé de 22 poèmes regroupés en trois ensembles d'une tonalité différente :
– **huit longs poèmes**, dotés chacun d'un titre, qui contribuent à décrire le rapport fervent du poète à l'Afrique ;
– **une série de six poèmes** constituant les « Épîtres à la Princesse », qui traduisent le dialogue du poète retenu par les devoirs de sa charge avec une interlocutrice lointaine et aimée ;
– **huit poèmes** réunis sous le titre « D'autres chants », d'apparence plus disparate, réintroduisant au terme d'*Éthiopiques* le débat entre le poète et lui-même qui se poursuit depuis de longues années.

HUIT POÈMES DE PRÉSENTATION DE L'AFRIQUE

Tout en invitant le lecteur à des lectures multiples, on peut essayer de découvrir dans chacun de ces poèmes une problématique majeure ou une signification spatio-temporelle originales, qui en faciliteront la première approche.

« L'Homme et la Bête »

(Sur ce poème, voir aussi plus loin p. 72)

La bête symbolise ici la brutalité d'une nature hostile et non encore façonnée par l'homme. Le combat de l'homme contre la Bête est un combat millénaire. À la naissance du monde, comme le rappellent les récits cosmogoniques* du « Diseur-des-choses-très-cachées* » et comme le traduisent les peurs ancestrales devant un monde grouillant et hostile, les chances de victoire étaient, pour l'Homme, bien minces (str. 1 et 2).

Mais fort de la pensée et au prix d'une longue lutte, l'homme s'affirma; il peut en effet, grâce aux connaissances initiatiques*, comprendre la nature, même hostile, et s'appuyer sur elle dans une sorte d'ivresse féconde (str. 3 et 4).

Les armes dont il dispose même s'il n'en comprend pas le fonctionnement sont le chant, la danse, le langage (« l'arc en ciel des sept voyelles »), le rire même; elles lui permettent de dompter les « forces imbéciles[1] » (str. 5).

Le poème s'achève sur une vision sereine d'aurore et de floraison.

« Congo »

(Sur ce poème, voir aussi plus loin p. 108, 114)

Le fleuve Congo est violent puis fécondant et apaisant (aux « rapides » de Brazzaville succèdent une mer intérieure puis une embouchure étale). Aussi l'image qu'en donne Senghor est-elle une image féminisée, celle d'une déesse, « mère de toutes choses », riche d'amour et de beauté, capable de protéger l'homme contre l'hostilité de la nature (symbolisée par « le silence des forêts ») et de « l'Homme-blanc » (v. 15).

Conçu comme un chant initiatique, étranger à toute expression écrite (v.1-2), le poème débute par une invocation (v. 3-11) suivie d'une imploration (v. 12-24) au terme de laquelle se dessine l'objectif du poète : retrouver la force dans un rapport très sensuel à la nature, retrouver la beauté et la fraîcheur de l'enfance sénégalaise (v. 30) mieux encore que les souvenirs de France (v. 21), et surtout échapper à ses tourments intimes, à « la nuit de [son]

---

1. « imbéciles » a ici son sens étymologique de « faible », « sans force », d'où peut-être illusoires.

sang ». La deuxième partie du poème (v. 25-34) est une véritable hiérogamie*, qui traduit le glorieux abandon du poète à la femme-fleuve, au rythme du sexe, des flots et du cours du monde jusqu'à la mort, « sur la crête de l'exultation » (v. 34).

Comme le précédent, ce poème s'achève sur la promesse d'une renaissance pour l'homme, dont le destin est finalement comparable à celui de la pirogue ballottée sur le fleuve Congo, mais toujours renaissante.

« Le Kaya-Magan »

(Sur ce poème, voir aussi plus loin p. 86-88)

Qui parle dans ce poème ? le souverain à la fois mythique et historique de l'ancien Empire du Mali* ? une lointaine image des Pharaons de l'Égypte ancienne ? Senghor lui-même ? On a là un exemple, au demeurant fort obscur, du pont qui peut s'établir entre le passé et le présent, le Moi d'un homme africain et le Je du poète.

Souverain prestigieux, fort de son existence féconde, qu'il affirme, le Kaya Magan apporte à ses sujets, antilopes charmées, la nourriture toute symbolique, à laquelle ils aspirent (str. 1).

Ils appartiennent à l'Histoire tous les sujets qui, tels des faons, sont venus, quelles que fussent leurs races, s'installer durablement (« pas les transhumants ») et, « enfants de [sa] sève », ils sont une émanation de sa vie (« par mes narines* ») (str. 2).

Toutefois si ce « Roi de l'or », comme un alchimiste associe toutes les composantes du monde, « matrice où se fondent les métaux précieux », il ne doit pas ce pouvoir à sa force virile, mais à sa sagesse de « maître de l'hiéroglyphe* » (str. 3).

L'empire du Kaya-Magan (qui se confond désormais avec Senghor) est celui des faibles, des proscrits, du Buffle face au Lion ; le Kaya-Magan tient sa force de l'Amour et particulièrement, comme Senghor, de l'amour de l'Étrangère. La dualité du monde est dominée et un pont établi entre les deux aspects du réel (symbolisés par les deux battants de la porte) : le « rythme binaire de l'espace », source d'antagonismes, se résout dans un « troisième temps » qui est propre à la musique* africaine, en particulier au rythme du tam-tam.

Le poème s'achève sur un vers qui fait la synthèse de plusieurs images suggérées tout au long du « Kaya-Magan » : celle (presque chrétienne) du bon pasteur qui protège et nourrit son troupeau « de [sa] sève », celle du Pharaon, traditionnellement père de son peuple, « Prince du Nord du Sud », et celle de la déesse égyptienne Isis, placée sous le signe du croissant* de lune (str. 4).

« Messages »

(Sur ce poème, voir aussi plus loin p. 65)

Avec ce poème on quitte le temps du mythe pour celui de l'histoire contemporaine. Ce « message » résonne comme un écho au poème intitulé « le Message » (*Chants d'ombre*, p. 18). Dans ce poème, le poète, de retour au pays natal, venait reconnaître les lieux ancestraux tout en exposant les problèmes du Sénégal contemporain ; le Prince répondait en lui reprochant son adhésion au mode de vie occidental et en l'invitant à renouer avec la tradition. Le problème était posé.

Dans *Éthiopiques* la situation est différente : le messager, solennellement, accueille le poète, au nom du Beleup* de Kaymôr*, comme un « Guelwar* de l'esprit ». Mais les temps ont changé ; le poète répond certes en prodiguant les compliments d'usage et en remerciant le Beleup pour ses présents de bienvenue et ses éloges ; mais il apporte mieux : son cadeau de « guelwâr de la parole », ce sont des lois et des discours exacts, émanant d'une assemblée démocratique (« circulaire ») qui, des fleurs de rhétorique de naguère ne conservent que le rythme. Telle est sa double réponse : sans renier la tradition ancestrale, que symbolise la « gueule du Lion* », il lui adjoint le « sourire du Sage ».

« Teddungal »

(Sur ce poème, voir aussi plus loin p. 63)

Senghor retrace dans ce poème un long itinéraire sur le territoire de son pays, le long du fleuve Sénégal, si l'on en croit les noms de lieux cités. On peut imaginer qu'il décrit, dans un premier temps, une caravane d'esclaves conduits par ou pour les Maîtres* de Saint-Louis, jadis capitale coloniale. Pitoyable et dérisoire cheminement d'hommes brûlés par le souffle de l'harmattan* et en proie à toutes les embûches d'une nature hostile (str. 1).

Ces hommes ont pourtant su résister aux agressions comme aux tentations, en particulier à celle de la femme. Sous l'effet de l'amour et du charme d'un poème attendrissant, ces hommes auraient pu perdre leur dignité d'hommes, mais ils ont su douloureusement « dompter » leur cœur (ou leurs fantasmes ?), partagés entre des aspirations contradictoires ; supportant leur tourment comme une épreuve initiatique, ils ont limité le pouvoir de la parole à « la rumination du mot essentiel » (str. 2).

Ce mot, teddungal*, ils ont osé le proférer, le moment venu ; il en est résulté une véritable révolution morale, qui a rendu les hommes « à leur noblesse, les choses à leur vérité » et la terre à la fraîcheur, à la fécondité, à la sérénité de l'Afrique primitive, ici associée au « Royaume d'enfance ». Le poème devient une parabole dont le sens est évident : le rachat de l'Afrique, humiliée et souffrante, ne pourra se faire que si elle retrouve son honneur perdu (str. 3).

« L'Absente »

(Sur ce poème, voir aussi plus loin chap. 12)

Sept morceaux font de ce poème l'un des plus importants d'*Éthiopiques*, en raison de l'entrecroisement des thèmes. L'Absente y apparaît, à la fois, comme l'image mythique de la femme, comme l'évocation d'un mythe saisonnier et comme une image de l'Afrique éternelle, pour ne rien dire de l'image biblique de la Reine de Saba*.

De plus on trouve dans « L'Absente » une réflexion dialectique du poète sur le rôle de la poésie.

Accueilli dans une atmosphère de fête sous le drapeau de son parti (« le Lion vert »), Senghor ne se présente pas en « leader », sûr de pouvoir décider du destin de son pays : il ne veut être que le poète inspiré charger de présenter l'Afrique (str. 1).

De cette « Absente », « Princesse en allée », il se contentera de dire la beauté fragile et fugitive (str.2).

Est-ce au cours d'un cauchemar, dans une nuit d'Europe, que Senghor s'est vu, comme un chef traditionnel, entouré de ses concubines ? Comme il souffrait de sa solitude, elles lui ont annoncé, pour apaiser sa nostalgie, le prochain retour de l'Absente, confondue avec la Reine de Saba* (str. 3).

Mais n'est-ce pas plutôt le Printemps qui arrive ? celui-ci mettra fin à l'Harmattan* desséchant, qui balaie tout sur son passage, de même que la raison dessèche l'individu.

Déjà la sève monte, sensuelle et attendrissante, dans les plantes comme chez les être humains et le vert si précieux dans ce pays devient la couleur dominante. Aux ténèbres succède l'intelligence du Soleil, tout comme le Circoncis* passe de l'ignorance à la connaissance. De fait, le Printemps se confond avec le retour de l'Absente (str. 4).

On avait prévu la venue de l'Absente à l'occasion d'une révolution sociale et morale (str. 5, vers 1-5), mais il suffira que les jambes « reverdissent [...] pour la danse de la moisson », au solstice* de juin, pour que se réalise « la Très Bonne Nouvelle » attendue. D'ailleurs, dans une sorte de mirage (qui rappelle l'arrivée de la Reine de Saba* chez Salomon*), on croit déjà voir s'avancer l'Éthiopienne*, superbe et souriante (str. 5).

À nouveau le poète reprend alors la parole pour rappeler son rôle : son rôle est, sans doute, de dire tout ce qui fait la beauté et le charme redoutable de l'Absente, mais il doit aussi se rappeler que toutes ces paroles sont « choses vaines ». « Ce n'est pas le savoir qui nourrit ton peuple », mais seulement l'envoûtement du chant et de la musique. C'est ce qu'illustre la salutation lyrique de l'Absente. Parée de noms emblématiques celle-ci est dotée d'un pouvoir surnaturel sur l'homme-poète à qui elle peut donner la vie comme la mort, au point qu'il s'engourdisse « avec délice » (str. 6).

Rejetant à leur néant les Blancs « distraits » aux yeux perle, qui privilégient la raison sur le cœur et le sexe, le poète retrouve le rythme cyclique des saisons ; il revient alors aux jeunes filles du début qu'il appelle désormais « jeunes feuilles ». Instruit par l'Absente, qui se révèle Présente grâce à la Nature et au poème, il récuse les mots périssables, auxquels il oppose le pouvoir essentiel du poème nourri du « lait noir de l'amour » (str. 7).

On pourrait indéfiniment s'interroger sur le sens à donner à cette Absente : on pourrait voir en elle, ainsi que nous l'avons dit, une image de l'Afrique, évoquée à chaque moment du poème par ses traditions, son cadre géographique ou son histoire, une Afrique primitive dont Senghor souhaiterait le retour et qui pourrait aussi bien être l'Afrique future dont l'homme politique faciliterait la venue.

Mais le poème n'est pas seulement celui de l'espoir : il est celui de la certitude, de la confiance dans le retour des saisons, grâce auquel il n'y a pas d'absence définitive. Il suffit que l'homme sache percevoir ce rythme des saisons, leur déroulement et leur beauté ; il suffit que le poète sache tenir sa partition dans cette symphonie qui dépend de lui : le poème est un chant de gloire en l'honneur de la Création. Il sert à rappeler que « le diamant [...] naît des cendres de la Mort » et que « le cœur du Poète brûle un feu sans poussière » car tout (les choses les plus vaines, la tradition, la Femme, le sexe, la Nature) participe à l'accompagnement de ce chant créateur qu'est la Parole poétique, porteuse des mots essentiels.

« L'Absente » contient en quelque sorte l'enseignement de la cosmogonie* africaine qui situe l'homme et la nature dans un cycle toujours renouvelé : « vie-mort-renaissance », ici « absence- attente-présence ».

« À New York »

(Sur ce poème, voir aussi plus loin p. 67)

En trois temps, à partir d'un souvenir vécu, Senghor fait part de son premier contact avec la Métropole américaine pour aboutir à un chant, plein d'optimisme, à la gloire de l'homme noir.

À l'occasion d'une mission à l'ONU, il a découvert avec admiration et angoisse aussi bien la beauté des femmes que l'architecture d'une ville où le génie humain rivalise orgueilleusement avec la Création. Mais la nature simple et vraie est absente, les oiseaux, les rires d'enfants, l'odeur des corps, la tendresse et la sagesse. Tout est artificiel et les nuits de Manhattan* sont des nuits d'insomnie, qui ignorent l'amour (I).

La vraie vie est ailleurs, dans Harlem*, le quartier noir, avec sa musique, ses petits commerces, sa nuit de fête, tous ses rythmes, - « rythmes de sang » - qui rappellent au poète les danses de l'Afrique. Des images s'entrecroisent, dans un carnaval sensuel et tendre, dans une ivresse colorée, où flottent des visions d'Afrique, entretenues par les instruments et les sonorités d'un orchestre de jazz qui rappelle le tam-tam du pays natal (II).

Cette cité faite de métal serait transformée si laissant « affluer le sang noir », elle rétablissait l'unité perdue entre totems antagonistes (Lion, Taureau, Arbre) : elle mettrait fin, ainsi, à toutes les formes de dualité (action/pensée, dialectique/affectivité, image/raison) qui déchirent l'être humain et l'empêchent de voir et entendre la musique de la Création.

« Chaka »

(Sur ce poème, voir aussi plus loin p. 74, 90-94)

Le poème consacré au chef Zoulou* Chaka* ne peut se comprendre indépendamment de *Chaka une épopée bantoue*; il s'agit d'un roman épique écrit au début du siècle en souto, langue de l'Afrique australe, par Thomas Mofolo, publié en 1925 et traduit en français en 1940. Senghor en eut connaissance quelques années plus tard. Le héros du récit inspira, par la suite, plusieurs autres écrivains africains. Il fut perçu comme l'image de la Négritude, de ce que l'Afrique pouvait faire en dehors du contexte colonial. Tel n'était pas le projet de Mofolo qui avait surtout insisté sur la cruauté de Chaka.

Le portrait de Chaka transmis par la tradition est celui d'un chef qui au début du XIXe siècle organisa militairement un véritable empire en Afrique australe avant d'être assassiné par ses frères. Il aurait sans hésiter fait mettre à mort sa fiancée Nolivé, sa mère, plusieurs de ses frères et tous ceux qui, autour de lui, manquaient de bravoure.

Senghor a voulu conserver la dualité du héros, efficace et cruel, mais il a ajouté deux composantes personnelles : il en fait un héros de la lutte anticoloniale (absente chez Mofolo) et un être qui sacrifie sa sensibilité et sa passion amoureuse à son devoir. Deux chants, en partie symétriques, permettent de suivre la « passion » de Chaka (au sens religieux de souffrance). Ils évoquent successivement le moment où frappé à mort par ses frères, il revoit et tente de justifier sa carrière, puis le moment où, mourant, il retrouve l'amour et la sérénité qu'il avait dû sacrifier à son idéal politique.

• Chant I

Dans le chant I, Chaka est mis en accusation par la « Voix blanche de l'Outre-mer » qui représente, non sans ambiguïté, la colonisation et la morale. Il doit se défendre du meurtre de Nolivé « bonne-et-belle fiancée » mais il doit aussi rendre compte de tous les massacres dont il est responsable et justifier le crime au nom d'un idéal politique et moral. Sa défense se fonde sur l'idée que la fin justifie les moyens : pour construire un empire neuf, il fallait se débarrasser d'êtres méprisables ; pour agir conformément à la ligne de conduite qu'il s'était fixée, il devait donner l'exemple. Chaka ne pouvait pas prendre le risque d'être paralysé par l'amour qu'il portait à Nolivé et qu'il chante dans une très belle et sensuelle parenthèse lyrique.

Encore fallait-il que cette conduite fût juste. Pour la justifier, Senghor transforme le sens de la politique de Chaka : il imagine que celui-ci avait pour devoir de lutter contre les atrocités de la pénétration et de l'exploitation coloniales, responsables de « tant de souffrances bafouées ». Chaka évoque cette situation avec la haine d'un homme qui a cru le dialogue possible et n'a reçu en réponse que des duperies - « présents rouillés », « poudreuses verroteries » - pour finir avec les canons. Seule, à ses yeux, une politique de rigueur, si cruelle fût-elle, pouvait aider à rétablir la situation.

Aussi la leçon de morale que veut lui donner la « voix-blanche », fondée sur le rejet du crime, sur la résignation et sur la tolérance, lui apparaît-elle comme fausse, hypocrite et intéressée. Elle exprime « la conscience des possédants de l'Outre-mer ». Chaka, lui, prétend avoir choisi, dans la douleur, de « préparer les moissons à venir », en suivant une autre morale : celle que, tout aussi cyniquement peut-être, lui soufflait le devin Issanoussi, interprète d'une tradition sans complaisance : « Le pouvoir ne s'obtient pas sans sacrifice ».

- **Chant II**

Le deuxième chant est celui de l'apothéose de Chaka, héros fortement érotisé, qui va célébrer par delà la mort, hors de l'espace et du temps, des noces mystiques avec Nolivé (dont on notera que jusque dans la mort, elle est encore vivante : elle « va mourir », p. 131). Ici encore Senghor s'écarte de Mofolo qui montrait un Chaka refusant la sexualité à ses guerriers comme à lui-même. Selon Senghor, tout le parcours du chef a été comme une épreuve initiatique, au terme de laquelle, sans plus s'arrêter aux argumentations politiques ou morales, il renaît à sa vérité : l'amour, la sexualité, le « Royaume d'enfance », le rythme, la Négritude (« comme il est noir ! » s'écrie le Chœur, p. 127).

Ce n'est pas le poète qui crée le rythme (pas plus que le chef ne se substitue au destin). Il est façonné par le rythme monotone qui émane de la tradition cosmogonique*; le poète s'unit au fleuve, au ciel, à la terre et à la femme (le « pilon » ayant ici de toute évidence la signification phallique que lui donne la langue familière en Afrique). Comme le griot, Chaka se borne à transmettre une parole dont il est le dépositaire. Cette parole est la « Bonne Nouvelle », l'objet de l'attente d'un continent et d'une race, qu'il a pour mission d'annoncer aux générations à venir et « à tous les peuples de la terre ».

Le poème militant en forme de plaidoyer débouche, on le voit dans les derniers vers, sur l'affirmation du rôle de la parole poétique, parole essentielle que le poète a pour mission de répéter comme une litanie.

« ÉPÎTRES À LA PRINCESSE »

(Sur ces poèmes, voir aussi plus loin p. 70)

La dédicace des « Épîtres » s'adresse à la Marquise Daniel de Betteville*, proche parente de l'épouse du poète. Cette dédicace suffit à signaler l'insertion de la poésie de Senghor dans un cadre normand, plus encore que français, de façon plus systématique que dans les œuvres antérieures. Quant à la destinataire de ces Épîtres, la

Princesse, il s'agit d'un interlocuteur fictif et très réel, qui est à la fois la Femme symbolique et l'épouse.

« Belborg Belborg ! »

Ce poème est à la fois celui de la nostalgie et celui des résolutions : Senghor vient de quitter la France et se sent partagé entre la Princesse, personnage à la fois réel et symbole de l'Europe, de la civilisation occidentale, et l'Afrique. Il est sensible aussi bien à l'exotisme des sapins qu'à celui des goyaves, fruits d'un jardin d'enfance mythique, (str. 1).

Paris, la Normandie, l'Europe du Nord, les villes sans soleil hantent sa mémoire comme symboles d'une manière d'être, de participer à la « fête de l'esprit » (str. 2).

Mais aussitôt s'impose l'image de la vie austère du désert, loin des vanités de la chasse ou de la guerre ; dans ce lieu du dépouillement, de la non-existence l'homme s'éloigne des « choses impures » et perçoit ce qu'il lui apporte d'essentiel : l'Esprit – on notera ici la majuscule – (str. 3).

La retraite envisagée ne sera pourtant pas un refus définitif du réel : ce sera une simple halte, et le poète ne rompra pas ses liens affectifs et intellectuels avec son interlocutrice, avec le cours du temps (« ma mission sera brève »), avec la mission elle-même dont il est investi. Il n'est pas l'homme de l'arrêt définitif, mais s'assume comme « Itinérant » (str. 4).

« Ambassadeur du Peuple noir... »

La vie quotidienne de Senghor au Sénégal impose ses exigences. Il se sent chargé de parler au nom du peuple noir et de retour dans la Métropole (Dakar), après une de ses tournées dans les provinces sénégalaises, il constate qu'aucune lettre de la Princesse ne l'attend. Serait-il oublié ? Pourtant sa mission sera longue : de nombreuses tâches « graves » le retiennent encore au Sénégal et il les énumère (str. 1).

La Princesse ne peut ignorer les problèmes sociaux et économiques qui tourmentent le Sénégal (str.2, v. 3-5 ;

« leurs » renvoie évidemment au « peuple noir »). En est-elle, comme le poète, tourmentée dans des nuits d'insomnie ? L'absence sera encore longue et l'attente d'une lettre n'en est que plus vive, dans une vie d'où « tout charme » est absent (str. 2).

Ce terme même réintroduit le souvenir du « charme » de la Princesse, de sa beauté, de son intelligence, de sa sagesse face au « Barbare » impétueux. Le souvenir de son corps (str. 3, v.6) aussi bien que d'un passé commun rend l'attente encore moins supportable. Mais « déjà », dans le dernier vers, à l'idée de ce qui est un futur prochain (le séjour au Sénégal va s'achever) reparaît le sentiment antagoniste qu'il éprouvera aussitôt : « les cent regrets du Pays noir » (str. 3).

« Comme rosée du soir... »

La lettre reçue a été réconfortante par son contenu intellectuel (dont le poète s'est honoré en donnant lecture à des hôtes pleins de sagesse) et par son message sentimental, à lui seul réservé (str. 1).

Chacun, dans ce rapport épistolaire, apporte un peu de son pays, et, de ce fait, de soi-même. Comme les deux êtres, « mon pays de sel et ton pays de neige chantent à l'unisson ». Toutefois la prudence de la princesse et sa sagesse, comparable à celle du sapin dans l'adversité, rendent évidente la faiblesse morale du poète (str. 2).

La Princesse, elle, a su s'intéresser à l'histoire glorieuse et tragique des Sérères*, dont Senghor a évoqué quelques épisodes douloureux et le présent misérable ; elle a su l'aider à renouer avec la tradition de ses ancêtres, avec la langue de sa mère et à échapper ainsi à une sorte d'exil intérieur qui l'arrachait à lui-même. Aussi le poème s'achève-t-il par un chant de joie à l'idée du prochain retour en France, à la pensée du rôle et de la beauté de son interlocutrice (dont il décrit le corps dans un blason* infiniment sensuel) (str. 3).

Comment dès lors ne se sentirait-il pas à la fois inquiet à l'idée de lui déplaire et animé par une juvénile impétuosité ?

« Princesse, ma Princesse ! »

Le poète est de retour au Sénégal après son bref séjour en France ; il se souvient de la sérénité de l'Été écoulé (str.1).

La Princesse s'efforçait de le retenir prisonnier, sans se rendre compte que, de ce fait, elle séparait le couple du monde réel, au profit d'une image très féminisée de la Nature. Partagé entre « délices ou douleurs », il savourait pourtant sa propre « unité retrouvée » (p. 117) dans « un long jour sans hiatus ni césure » (str.2).

Les affaires de l'État, qu'il énumère comme dans *« Ambassadeur du Peuple noir »* l'appelaient ; mais la Princesse était assez rusée pour l'écarter de ses desseins et de ses devoirs, au point de le rendre ridicule auprès de son peuple, pour sa plus grande honte (str. 3).

Mais, de retour au Sénégal, il se souvient du plaisir qu'il prenait à découvrir les exploits des Wikings*, peuple de guerriers, véritable miroir de son peuple. Et à nouveau, il regrette « la prison de [son] charme » (str. 4).

« Princesse, ton épître... »

Dans ce poème d'une très grande puissance lyrique le dialogue donne lieu, sous forme de prophétie, à un bilan historique et culturel (voir p. 73). Il se présente en quatre moments successifs.

- **Premier moment**

La première strophe concerne une lettre qui est parvenue au poète au cœur de l'Afrique, dans les « pays hauts » ; il était au milieu des siens et prenait plaisir à entendre sa langue maternelle dont il caractérise les sonorités et la structure. À la lecture de la lettre, il imagine la présence de cette femme à l'esprit si pénétrant dans la case de ses compatriotes, eux-mêmes princes de l'esprit. Cette lettre était sans doute porteuse d'un message qui invite Senghor à une longue digression sur la triste histoire de l'Afrique et sur le destin du monde contemporain qui court à sa perte.

- **Deuxième moment**

On peut considérer qu'une deuxième strophe commence avec « Princesse de Belborg, ton épître... »

(p. 142). La vision d'une apocalypse, annoncée par les prophètes, impose dans la clarté d'une nuit d'Afrique le spectacle de monstres-machines venus d'ailleurs (des « tigres »), répandant la terreur et l'incohérence. Ils sont l'aboutissement d'une histoire de l'Afrique (et avec elle de l'humanité) présentée comme le récit d'un prophète (on notera les guillemets).

Trois étapes se sont succédé. D'abord la Découverte de l'Afrique par les Européens : tous les abus de la colonisation sont évoqués en quelques images : les armes, le travail forcé, l'appétit de l'or, l'enrichissement des uns, l'esclavage et le dénuement des autres. Puis vint la dictature de la Raison, forte d'armes maléfiques, et avec elle, la haine, la mort et le mépris pour les soldats dans « la boue du sang ». En contrepoint, Senghor évoque tous ceux, bourreaux ou savants – comprenons sans doute militaires et ethnologues – qui ont pris la double destruction de l'Afrique, de son corps et de sa culture, comme prétexte à expérimentation. Viendra enfin le monde de la Technique, placé sous le signe de la fission nucléaire, force d'agrégation et de désagrégation de la matière, source de stérilité : il n'y aura plus de sang, plus de sève, plus de fécondité jusque dans l'œuf dont les composantes seront perverties. Trois feux successifs, de couleur différente mais tout aussi destructeurs auront éclairé cette fin de monde et ne subsistera plus que la voix du Dieu de la Bible, solitaire et vengeur.

• Troisième moment

Un troisième moment du poème commence alors (« Or le deuil du Septentrion... »), placé sous le signe de la vie et de la naissance. La réponse du poète à la funeste prophétie se trouve dans le souvenir de printemps qui est associé pour lui à la vie qu'il a connue près de la Princesse à Paris. Encore faudrait-il, puisque ce monde est appelé à périr, que le Poète et la Princesse choisissent de vivre ailleurs qu'en Normandie ou dans les « terres hautes », autrement que dans les jeux de l'esprit et de la poésie courtoise. Ils devraient choisir le pays des Origines, cette « mésopotamie* », qui est aux origines de la vie et de la terre féconde. Là l'homme face à la vérité de la nature pourra négliger les constructions de l'esprit telles que la gauche et la droite ou même le langage : à quoi bon nommer le palmier, s'il suffit de le voir.

• Quatrième moment

Ce pays – quatrième moment du poème – est celui du mythique royaume d'enfance (« je le sais bien ce pays n'est pas noble... »). C'est la pays du « jour troisième » *, du « prétemps* du monde » sur lequel s'achève *Éthiopiques.* La seule réponse possible à la funeste prophétie consiste à retrouver le climat de la Création du monde, à affirmer la toute-puissance et l'éternité de l'Afrique primitive, où la vie et le dialogue passent irrésistiblement par la danse. Dans une page d'un lyrisme puissant, Senghor évoque cette danse, pleine de sensualité, fusion avec la nature végétale et animale, avec la musique et le rythme des éléments que répercute le roulement des tam-tams. Le poème s'achève sur la fin du doute et des plaintes d'un homme seul. Le poète veut se convaincre que, se confondant avec les éléments premiers, le Ciel et la Terre, la Princesse et lui-même seront « maîtres de la Mort ».

« La Mort de la Princesse »

Ce poème est le seul qui porte un titre, probablement parce qu'il se distingue sensiblement des « Épîtres à la Princesse ». Après le chant d'espoir de la dernière épître, la Mort a triomphé.

Si la mort évoquée est probablement liée à la biographie du poète (il s'agit, semble-t-il, de la mort de la grand-mère de Mme Senghor) elle est utilisée comme une image de l'éloignement. Elle représente en même temps l'absence, inévitable et finalement acceptée, de la Princesse symbolique et de l'épouse restée en France.

Une union fusionnelle s'est créée entre le poète et la Princesse : dans son dernier message (str. 1), elle est une sorte de miroir de son « Prince noir » et adopte son style pour évoquer, presque dans les mêmes termes que lui, les devoirs de sa propre charge. Leur description pourrait faire songer à l'Afrique s'il n'y avait un arrière-plan de bouleaux qui rappellent le paysage normand. La Princesse n'a pu choisir le mode de vie, agréablement oisif, qu'elle imaginait comme un Printemps symbolique : le « feu du ciel » du « Dieu juste » (p. 142) ne le permettrait pas. Elle ne peut que laisser, à son tour, un sobre message avant de mourir : le souhait que le poète garde, réconfortante, son image, « comme le grain de l'hiver dans la mort de la terre ». Message de confiance, malgré tout, dans la pérennité de la vie jusque par delà sa mort, décrite avec une lumineuse sobriété.

Dans la deuxième strophe, le poète fait d'abord entendre son désespoir, son sentiment de l'« à quoi bon » devant la solitude qui est désormais son lot. Il éprouve l'amertume d'un paysan devant le désastre et ne veut même plus croire ni en la force de sa négritude, ni en la beauté des signares*, ni en son peuple mandingue*. Il se voit condamné à vieillir amèrement dans sa maison désertée. Mais il se reprend soudain, conscient du lien que créent leurs morts communs. À nouveau il croira à la promesse des fleurs et à la vertu de la lumière qui finira par dissiper les brouillards.

Comme tous les autres poèmes de l'absence, les « Épîtres à la Princesse » se terminent par la certitude que l'éclat de la lumière, la force de la vie finiront par l'emporter sur l'adversité et sur le Mal : la robe de la morte n'est-elle pas « splendide » ? Cet adjectif banal, dernier mot du poème, prend ici un sens particulièrement éclatant.

« D'AUTRES CHANTS »

Les huit poèmes qui suivent offrent moins d'unité, en dépit de la typographie. Ils ont pour but de montrer, à partir principalement de souvenirs du poète, que sa sensibilité et ses rapports au monde continuent à lui poser des problèmes, sur le plan de l'amour, de la mémoire et de sa propre identité morale et religieuse.

« Par-delà quelle nuit d'orage... »

Après une querelle avec la femme aimée (str. 1), le poète compare son angoisse à celle d'un voyageur égaré dans une forêt hostile (str.2). Devra-t-il pour entendre à nouveau la voix et retrouver le sourire de cette femme, lui offrir, comme à une déesse, un sacrifice rituel ou un poème dans lequel il se dépouillera de son orgueil ? (str. 3). À elle de dire les « paroles propices ».

« Ce soir, Sopé... »*

L'absence de la femme aimée est à peine suggérée (str. 1) : la tristesse du poète est un sentiment vague, fondé sur l'évocation d'un passé lointain, des rites et des légendes du pays sérère*. Mais ces souvenirs eux-mêmes sont placés sous le signe de l'échec (« Le poulet blanc est tombé sur le flanc, le lait d'innocence s'est troublé sur les tombes », berger albinos*, pleurs sans objet, str. 2, vers 2 à 4). Ils semblent justifier le sentiment d'insatisfaction personnelle et de stérilité (tourment du poète, qui se compare à un « tam-tam détendu ») (str. 3).

« Je ne sais... »

Des souvenirs surgissent, encadrés par le constat de ce qui est l'un des fondements du lyrisme de Senghor : l'association ambiguë, faite de douceur et de mélancolie, entre l'enfance et le monde paradisiaque, entre la Mort et la Vie, entre le présent et le passé (str. 1).

Hors du temps, il se souvient d'une marche angoissante, au retour d'un cimetière-sanctuaire, « à l'heure où l'on voit les Esprits » (str.2).

Il se rappelle une conversation nocturne avec une femme aimée, pleine de poésie et d'une inexplicable tristesse (str. 3).

Il évoque un dialogue courtois, digne de notre poésie du Moyen Age, entre un « chevalier » et sa « dame » (str. 4).

Dans tous les cas, la réalité de l'Afrique et de ses traditions est là : elle permet, implicitement, de justifier le sentiment de leur éternité, suggéré par la conclusion « je ne sais en quels temps c'était ».

« Si je pouvais haler... »

Une série de métaphores permet au poète, attristé par l'absence de la femme aimée, de se comparer à un pêcheur qui tire ses filets sans succès ou à un marigot* sans amour. Il rêve en imaginant le bonheur qu'il éprouverait s'il pouvait s'élancer dans les airs (« exulter aux cris métalliques des merles ») ou inscrire son nom sur l'aile de la mouette. Mais faute de pouvoir « haler » le cœur de l'aimée, il doit apaiser son impatience.

« Absente, absente... »

Plus encore que les précédents ce poème relève de la tradition courtoise* : absente, la femme aimée l'est doublement, dans la réalité et dans l'inspiration du poète. Les images se succèdent tendant à montrer que son regard ne se pose pas sur la réalité et qu'elle adopte une attitude défensive à l'encontre de l'amour du poète (str. 1).

Les échos d'un passé africain ne parviennent-ils donc plus jusqu'à elle ? ni les chants de l'Élancé* ? ni la voix de l'Amant ? (str. 2).

La beauté même de son profil lui semble, du fait de l'absence, aussi mythique que les Pyramides... (str. 3)

« Bec inutile... »

Impossible de saisir la femme dont le poète, « oiseau aptère* », garde le souvenir sensuel : insaisissable, elle glisse entre ses mains. Seuls demeurent d'elle une photographie et le souvenir de l'Ile-de-France : un passé mort. (str. 1).

La douleur du poète est grande d'avoir perdu à jamais le charme délicat d'un corps, et d'être privé ainsi de l'éclat nourricier du jour. Pourquoi n'est-il pas la lumière qui, en se posant sur ce corps, le transfigure ? (str. 2)

« Laetare* Jerusalem et... »

Le tam-tam n'est associé ici que de loin à l'orgue : nous nous trouvons devant l'un des deux poèmes, les deux derniers, où s'exprime le catholicisme de Senghor, sous la forme de cantiques. Le *Laetare**, chant de joie des Chrétiens, s'élève, et l'image de Jésus, calme et doux, s'impose à une foule rassemblée dans l'attente de la fête de la résurrection pascale.

Le poète associe, comme le veut le christianisme, l'univers des Blancs et le spectacle coloré des Africains qui, en même temps qu'ils disent leur joie de chrétiens, n'oublient pas leurs fêtes traditionnelles (« la transe des danses sérères* », str. 2). Mais tout en participant collectivement au chant de joie, le poète ne ressent que solitude et peine (str. 1). Alors qu'il souhaiterait retrouver la fraîcheur d'un dimanche d'Europe, son cœur demeure « plein de ténèbres », incapable de participer à la joie simple que traduit le chant.

« Mais c'est midi... »

L'orgue précise à nouveau la tonalité religieuse du poème, mais il s'agit des mélodiques flûtes d'orgue, qui accompagnent ces vers tout en douceur mélancolique. Un chœur de voix juvéniles monte dans le soir, souvenir vivace d'une enfance lointaine : ce pourrait être le soleil de midi, et son waï* retentissant ; mais cet *Ave Maria** n'est que sourire et douceur de berceuses dans le soir (str. 1).

Toute l'enfance à Joal* reparaît, mêlant intimement les souvenirs, en dehors de l'espace et du temps (« c'est midi et c'est le soir », « les choses sont sans épaisseur ni poids »). Dans l'esprit du poète défilent successivement l'Afrique traditionnelle, des personnages imaginaires (les « anges peuls »), des chanteuses réelles[1], le passé historique des « nourrices royales », le silence inquiétant d'un cimetière et les bruits de la vie quotidienne (str. 2).

1. Souvenir réel d'une fillette dont la voix charma l'enfance de Senghor.

1 Histoire et structure d'Éthiopiques

Lorsque paraît le volume d'*Éthiopiques*, en 1956, la situation de Senghor comme leader politique est bien assise : il vient d'être réélu député, il est élu maire de Thiès (Sénégal) en novembre et depuis mars 1955 il fait partie du gouvernement français, présidé par Edgar Faure, comme secrétaire d'État à la Présidence du Conseil. Les mois qui suivent vont voir ses charges politiques et administratives se multiplier, au dépens de sa création poétique. Le 5 septembre 1960, il est élu Président de la République du Sénégal.

Aussi peut-on considérer ce recueil comme le témoignage d'une période de transition au cours de laquelle poète et homme politique ont été en concurrence.

ÉTHIOPIQUES : LE TITRE

Le thème de l'Éthiopienne* et celui, connexe, de l'Égypte mythique et de « la race de Saba » a hanté l'imaginaire de Senghor[1]. et de toute une génération. Dans *Chants d'ombre*, déjà il se voyait marchant « par la terre nord-orientale, par l'Égypte des temples et des pyramides », à la tête d'une colonne non d'esclaves noirs, mais de

> sept mille nègres nouveaux, sept mille soldats
> sept mille paysans humbles et fiers
> Qui portent les richesses de ma race sur leurs épaules musicales.
> Ses richesses authentiques. (p. 35)

---

1. Dans *Éthiopiques*, elle est évoquée, en particulier dans « l'Absente ».

L'Éthiopie a été au premier plan de l'actualité à partir du moment où l'Italie, en 1935, a décidé de conquérir ce pays indépendant, soulevant ainsi, par cette dernière guerre de conquête coloniale, l'indignation des nations démocratiques et des populations africaines.

En fait, le titre du livre n'a guère de rapport, si ce n'est par ses échos anticolonialistes, avec les événements contemporains.

Il s'explique surtout par des débats concernant le passé de l'Afrique : l'idée s'est, en effet, répandue[1] dans les années 1950 du « rôle primordial de l'Afrique, singulièrement de l'Égypte, dans l'élaboration de la civilisation humaine[2] ». C'est par « l'Égypte-mère », via l'Éthiopie, que l'Afrique primitive aurait apporté la civilisation à l'Europe. Le choix du titre n'est donc pas surprenant de la part d'un poète désormais désireux de revendiquer le passé glorieux de l'Afrique et d'en faire l'offrande à l'Europe.

Mais à ce choix, il est une autre raison tout aussi culturelle : « J'ai eu, dit-il à propos de ce livre, une vision des problèmes beaucoup moins individualiste, plus communautaire. C'est au demeurant ce qu'indique le titre d'*Éthiopiques*. En le choisissant, je songeais aux *Olympiques*, aux *Pythiques*, aux *Isthmiques* de Pindare*. Les *Éthiopiques*, [du grec] « aithiops », noir, ce sont en somme, des poèmes qui s'inspirent de la négritude ».

Ce texte fondamental, à lui seul, suffit, pour trois raisons, à justifier le titre :

– d'une part la référence à un poète grec rappelle le véritable culte que Senghor porte à la Grèce antique qu'il aime à présenter comme l'héritière culturelle et biologique de l'Éthiopien, donc du monde noir[3] ;

– d'autre part toute la poésie lyrique de Pindare est celle du poète de la cité : à l'occasion des Jeux de la Grèce antique – à Olympie, à Delphes (*Pythiques*) et à Corinthe

---

1. Hypothèses de Frobenius* ; études de l'ethnologue et linguistre sénégalais Cheikh Anta Diop dans *Nations nègres et culture*, 1955.

2. Senghor, *Discours* à l'Université Senghor d'Alexandrie, 4 nov. 1990.

3. Voir notre étude « Place et rôle de la culture gréco-latine dans la genèse et la définition de la négritude selon Senghor », *Tracées francophones*, 1, L'Harmattan, 1996, p. 31-48.

(*Isthmiques*) – Pindare chante à la fois le mérite sportif desvainqueurs et la gloire qui rejaillit sur la Cité qu'ils représentent. Senghor ne peut manquer de rappeler à travers cette référence qu'il se veut « l'Ambassadeur » de son pays, de son peuple ;
– enfin, conformément à la tradition, Pindare associe la gloire individuelle du vainqueur à celle de toute une lignée d'ancêtres. Il unit ainsi le présent d'un individu à la grandeur du passé familial. Cette attitude est comparable à celle du griot* africain pour lequel le « temps africain » est perçu comme une continuité qui unit fortement hier et demain. De plus, le griot profite souvent de son chant, comme Pindare, pour donner des leçons de mesure et de sagesse. C'est un peu le rôle que revendique Senghor dans *Éthiopiques* : « Je ne suis pas le Conducteur [...] je suis le Dyâli* » (« L'Absente »).

GENÈSE DU LIVRE

Publié aux éditions du Seuil en 1956, sous la forme d'un volume de 126 pages, ce recueil de 22 poèmes est suivi d'une postface en prose « Comme les lamantins* vont boire à la source ». Ce texte, d'une conférence prononcée à Strasbourg en septembre 1954, bien qu'il ne concerne pas directement *Éthiopiques*, mérite d'être lu avec le plus grand soin en raison des réflexions qu'inspire à Senghor la pratique de l'écriture poétique négro-africaine. D'autre part, sa date montre que le livre est le fruit d'une assez longue gestation. On sait d'autre part que le « Kaya-Magan » et « Congo » furent publiés dans *Présence africaine* en 1948, suivis, dans la même revue, par « Chaka » en 1951, que les premiers vers de « l'Absente » ont été inspirés par la campagne électorale de Senghor au printemps 1951, que « la Mort de la Princesse » est daté de 1953.

Les « autres chants » sur lesquels s'achève *Éthiopiques* furent eux aussi écrits probablement vers 1950 et doivent être antérieurs aux « Épîtres à la Princesse » (le manuscrit de l'un d'eux, *« Bec inutile... »* aurait été adressé au poète surréaliste Tzara dès le 8 juillet 1946).

Bilan d'une dizaine d'années de réflexion, *Éthiopiques* pourrait donc n'être qu'un recueil disparate : sa disposition même incite le lecteur à ne pas voir qu'il existe une unité secrète entre les poèmes qui le composent. Le livre ne peut en effet être lu ni comme la narration au jour le jour d'un itinéraire personnel ni comme la reconstruction de cet itinéraire, *a posteriori*, à partir d'un matériau donné, littéraire et humain. « D'abord les poèmes ont été classés selon l'inspiration. Ensuite, en composant chaque recueil, j'ai essayé de leur donner un ordre poétique qui traduisît l'inspiration générale », a confié Senghor. Il s'est d'ailleurs toujours plu à noter la composition symphonique de sa poésie ; aussi serait-il vain de chercher à découvrir un plan rigoureux dans ce livre qui se présente comme un témoignage global sur l'expérience du monde et les interrogations du poète.

L'UNITÉ DU LIVRE

Trois groupes de poèmes semblent s'opposer dans *Éthiopiques* :

– **les huit premiers poèmes** sont une célébration de l'Afrique et de ses hommes : Senghor les évoque, dans leur réalité quotidienne, historique ou mythique ; il se sent investi du rôle de dire la profusion des images et des rythmes, la féminité sensuelle du continent et sa sagesse ancestrale. Il a tenu sa promesse de naguère (« J'ai choisi mon peuple noir ») et même si, à certains égards, l'Afrique demeure « l'Absente », elle annonce la « Très Bonne Nouvelle » (p. 113). Le poète peut espérer retrouver en elle son unité.

L'attitude conflictuelle entre le poète et le monde, qui était une des constantes de l'œuvre antérieure, n'est pas pour autant résolue. Qu'en est-il des rapports entre le Politique et le Poète ? En reprenant le récit légendaire de la vie de Chaka (voir ci-dessus l'étude sur le poème « Chaka ») comme mythe personnel – ce que certains historiens ont considéré comme un manque de respect –, Senghor pose, au terme de cette présentation de l'Afrique, plusieurs problèmes qui sont ceux de son temps et surtout les siens propres. Ils vont continuer à alimenter son œuvre lyrique : peut-on dans l'action politique éviter de commettre des abus ? le massacre d'innocents reproché à Chaka est-il positif lorsqu'il ôte « le carcan qui étranglait toute action » (p. 121) ? qu'advient-il du Poète qui a « longtemps parlé dans la solitude des palabres » (p. 129) ? peut-il espérer voir reparaître « le soleil du monde nouveau » (p. 132) ? Y aura-t-il place pour le « jardin d'enfance » à la fin de sa passion (= de sa souffrance) (p. 127) ?

– **les « Épîtres à la Princesse »** tentent de répondre à ces questions : le poète voudrait concilier deux aspirations contradictoires : la « passion de [son] peuple » (p. 140) et le désir de vivre auprès de la femme aimée « un long jour sans hiatus ni césure » (p. 140). Si le rythme des tam-tams l'amène à croire, dans un moment d'exaltation, que les amants pourront devenir « maîtres de la Mort » (p. 144), le message contenu dans « la Mort de la Princesse » viendra rappeler au poète qu'il faut « raccommoder et bâtir » (p. 145). La leçon sera entendue, même si, dans un premier temps, la révolte semble l'emporter (p. 146).

– **les « Autres chants »**, sans doute les plus anciens, correspondent à un retour des problèmes d'hier qui sont loin d'être résolus. On y retrouve les angoisses de l'amant devant l'absence ou l'indifférence de la femme, devant l'ambiguïté des choses « sans épaisseur ni poids » (p. 153), devant le déchirement d'un cœur « plein de ténèbres » (p. 153). Même lorsqu'il entonne un Laetare, il est tourmenté par désir morbide ou lucide de mêler la Mort et la Vie (« un pont de douceur les relie », p. 148), dans un temps qui soit « le prétemps* du monde » (p. 154). En contrepoint à l'espoir des « Épîtres à la Princesse », *Éthiopiques* s'achève par le constat sinon d'un échec, du moins d'un combat éternellement recommencé.

Le dialogue très authentique du poète avec lui-même et avec le monde donne une unité secrète aux éclats multicolores et aux vagabondages d'*Éthiopiques*. Ce dialogue se poursuivra, longtemps après, plus serein, plus dépouillé, dans les *Lettres d'hivernage*.

2 La « Postface » : une réflexion sur la poésie

« Ceci n'est pas une préface »[1] (p. 155) : Senghor nous met en garde. Pas plus qu'aux recueils poétiques, il ne serait légitime de demander à la « Postface » une structure logique et de la considérer comme un plaidoyer en faveur du livre Senghor sent, pense, écrit par impulsions et il revendique fièrement ce fait comme l'une des caractéristiques majeures de la Négritude et de son art personnel.

LES LIGNES DE STRUCTURE DE LA « POSTFACE »

Sans demander un plan rigoureux à ces 14 pages, contentons-nous de signaler les temps forts à partir desquels se développe, sinueuse, la pensée de Senghor. Notons d'abord que plusieurs textes servent de référence à l'auteur tout au long de la « Postface » et lui permettent d'alimenter sa réflexion :
- d'un côté, deux articles qu'il a publiés dans un ouvrage collectif belge en 1954, dans lesquels il exposait déjà quelques idées maîtresses de la « Postface » ; son *Anthologie de la nouvelle poésie nègre et malgache de langue française* (1946), qui, la première, attire l'attention sur l'existence d'une poésie négro-africaine ; la préface de ce livre écrite par Sartre, « Orphée noir » ;
– d'un autre côté deux articles qu'il juge plutôt sévèrement : le livre généreux et timide de Jean Guéhenno, essayiste de gauche, sur la *France et les Noirs* et un article de l'universitaire Henri Hell publié dans la revue *Fontaine*.

---

1. Les indications de pages renvoient à l'*Œuvre poétique* de Senghor, Seuil, 1990.

A cela s'ajoutent des citations de Césaire*, de L.G. Damas*, d'André Breton qu'il utilise pour sa démonstration. Senghor a manifestement le désir faire appel à des cautions intellectuelles pour aborder successivement les quelques points importants suivants :

– **la difficulté pour les Nègres**, du fait de leur sensibilité, à passer de la poésie orale traditionnelle à une poésie écrite, donc plus abstraite (p. 155-157) ;

– **la double influence** exercée sur lui par des lectures européennes et des sources africaines (p. 157-158) ;

– **l'originalité du poète négro-africain** : ce que l'on considère chez lui comme « pittoresque » est, en fait, la preuve qu'il lui suffit, comme aux Surréalistes, « de nommer la chose pour qu'apparaisse le sens sous le signe », sans recourir à une abstraction rationaliste. L'image ne sert pas à décrire ou à orner, elle est « analogique » (p. 158-160) ;

– **le rythme est essentiel** ; antérieur à l'écriture même du poème, il explique l'importance de la répétition de mots, d'images et de procédés, injustement considérée comme monotone (p. 160-164) ;

– **le poème symphonique**, avec l'aide du rythme qui engendre l'émotion, permet au poète d'exprimer avec « démesure », comme on le lui reproche, sa participation aux souffrances et aux colères de l'Homme noir, en même temps que sa participation au rythme du monde (p. 164-166) ;

– **l'usage de la langue française** s'explique à la fois par la richesse de ses moyens et par ce qu'elle apporte d'original à l'expression négro-africaine (p. 166-167) ;

– **parole, chant et musique**, à la fois, le poème négro-africain peut être lu comme tel, conformément à la vocation millénaire de la Poésie (p. 167-168).

UNE IMAGE DE SENGHOR

Senghor ne cesse jamais, dans sa conversation privée comme dans son œuvre poétique ou critique, de parler de lui-même. Sans doute considère-t-il, non sans raison, sa trajectoire biographique et intellectuelle comme exemplaire, et souhaite-t-il authentifier ce qu'il écrit par son expérience personnelle :

– Il évoque dans la Postface, pour en tirer les enseignements, **de nombreux événements de sa vie** : son enfance à l'école primaire (p. 158), auprès de son père et au royaume des ancêtres (p. 160), la rencontre de Marône (note p. 167), les souvenirs de ses études et de sa carrière de professeur (p. 167), sa vie de poète « gris par l'hiver dans une grise chambre d'hôtel » (p. 156). Il évoque aussi ses découvertes de paysages et d'artistes européens, ou des catastrophes contemporaines (*ibid.*).

– **la sensibilité et les enthousiasmes** de Senghor sont aussi mis en lumière, en passant (« l'événement me rend malade », p. 156). Il convient de ses ruses (« Bien sûr, moi aussi, je l'ai dit un jour, pour les besoins de la thèse », p. 166). Il sait prendre le lecteur pour confident, voire pour complice de son argumentation et, ce faisant, veut le convaincre de la spontanéité de l'homme noir.

– **la culture** de Senghor, enfin, transparaît à travers l'évocation de ses lectures négro-africaines (il a lu attentivement le *Cahier d'un retour au pays natal* de son ami Césaire*, qu'il cite et analyse, p. 163, le roman de Laye Camara, les *Contes* de Birago Diop, p. 158, œuvres maîtresses de « précurseurs ». Il connaît bien la littérature française (Aragon, les troubadours, Claudel, Saint-John Perse, p. 157, Breton, p. 161).

Il est bien informé de la tradition poétique française (p. 167) et en même temps capable de se référer, fût-ce pour les critiquer, à des essais récents (Hell, Sartre, Guéhenno, le critique G.E. Clancier). Il est capable de citer le Guyanais Damas* (p.164), un extrait des « Correspondances » de Baudelaire (« à travers des forêts de symboles », p. 160), un poème traduit du sérère* (p. 159), de mentionner des travaux contemporains sur la versification et la phonétique, de faire allusion à une œuvre de l'Égypte ancienne (*Le Livre des morts*, XIVe siècle av. J.-C., p 157). En un mot, il est apte à montrer qu'il « possède la double culture du poète, française et nègre » (p. 162). Aussi, du même coup, récuse-t-il l'accusation de n'être qu'un imitateur des modèles français : il veut être un poète qui sait puiser à toutes les sources pour parler de la Poésie.

UNE AFFIRMATION DE L'AUTHENTICITÉ DES POÈTES NOIRS

Le but de Senghor n'est pas de « porter des jugements de valeur » (p. 161) ni de demander une place, même modeste, pour « une authentique poésie nègre » (p. 165). Ce qu'il souhaite faire reconnaître aux poètes noirs, c'est le fait « d'être restés eux-mêmes, irréductiblement sincères » (*ibid.*)

Le refus du pittoresque

Si les poètes noirs semblent pittoresques, c'est bien malgré eux, au regard des lecteurs blancs. Les objets qu'il mentionnent, les mots qu'ils emploient appartiennent à la réalité de leur vie quotidienne ; ils ne répondent pas au désir, propre à la poésie occidentale, de recourir à des métaphores (p. 160). En effet, les mots africains sont descriptifs et rarement abstraits ; les poètes expriment immédiatement ce qu'ils voient, ce qu'ils sentent.

De la parole à l'écrit

Le poète noir appartient à une civilisation orale, dans laquelle, le mot dispense de la pensée rationnelle : spontanément, « la parole se fait poème » (p. 156), et il en découle une sorte de plaisir sensuel (p. 157). Le passage à l'écrit est un douloureux accouchement (p. 156), surtout dans une langue étrangère : « quand je commence d'écrire, je ne sais ce que sera le poème » (p. 161). Aussi est-il normal que les poètes tentent de transposer dans l'écrit la naïveté de l'Afrique traditionnelle, pour préserver ou retrouver leur nature authentique, comme font les lamantins*de la légende qui venant s'abreuver à la source de Simal*, retrouvaient leur nature humaine (p. 158...

La mission du poète africain

Cette démarche définit la fonction du poète, qui est, « à partir des éléments de [son] univers enfantin » de « prophétiser la Cité de demain, qui renaîtra des cendres de l'Ancienne » (p. 160). Devoir d'autant plus impératif que,

Antillais ou Africain, l'Homme noir a été, pendant des siècles d'esclavage ou de colonisation, privé de son identité et des moyens de l'exprimer (p. 165). La civilisation africaine a des relations tellement étroites avec le monde réel qu'en exprimant cette réalité, c'est la « vérité des choses essentielles : les Forces du Cosmos » (p. 166) que le poète exprimera.

L'ambiguïté de la langue

Cela n'empêche pas le poète africain de faire acte d'allégeance à la langue française : une fois admis que le fait d'écrire en français n'impose pas « de sentir *français* » (p. 155), le recours à une langue étrangère n'est pas une trahison. Le poète africain peut utiliser les ressources de cette langue « à vocation universelle » pour deux raisons : tout d'abord elle lui offre un instrument musical très diversifié ; de plus, par son caractère rationnel, elle apporte à la vitalité (« sève et sang », p. 167) des langues africaines, la force durable des mots abstraits (« diamants ») : « des fusées qui éclairent notre nuit » (*ibid.*).

UNE DÉFINITION DE LA POÉSIE

« Quand j'ai à écrire un poème [...] ce qui me vient d'abord, ce sont des mots, ce sont certaines répétitions, c'est un certain rythme et moi, je dis ma vision. C'est après que j'essaie de m'expliquer à moi-même le sens de mon poème [...] Mais je me relis et je me corrige. Le professeur reparaît ici et l'amoureux de la l*angue des Dieux*, du français » nous a écrit Senghor. Toute sa conception de l'écriture poétique repose sur cette double intervention du poète qui reçoit du monde un matériau poétique plein d'ambiguïté et l'organise en une « symphonie » (p. 166).

L'image analogique

(Voir aussi le chapitre 18)

L'image est utilisée par les Surréalistes comme un moyen, un signe, susceptible de rendre compte métaphoriquement de leur perception du réel. Senghor reprend à ce propos l'expression « stupéfiant-image » (p. 160) d'Aragon, qui considérant l'image comme une drogue, rend compte du pouvoir d'engourdissement de la pensée rationnelle qu'il accorde à l'image. Pour Senghor, il n'en est pas de même dans la poésie négro-africaine, tant les mots sont descriptifs : « Le mot y est plus qu'image, il est image analogique [...] Il suffit de nommer la chose pour qu'apparaisse le *sens* sous le *signe* » (p. 158-159). Le poète africain n'a nul besoin d'une « intervention de la réflexion » (p. 162) ; l'image est réalité et non ce moyen de l'illustrer, cette *détente* (p. 163), qu'elle serait, selon Sartre, chez « le surréaliste blanc ». De ce fait, elle s'impose, aussi obsédante et « multivalente » (p. 162) que le monde dont elle traduit l'être et les problèmes.

L'exemple de Césaire (p.162) illustre la pensée de Senghor et sert à justifier, comme expression d'une obsession, « la répétition des mêmes mots et des mêmes catégories grammaticales voire [...] l'emploi – instinctif – de certaines figures de langage : allitérations*, assonances, homéotéleutes*, etc. » (p. 163). Ainsi Senghor récuse-t-il l'accusation de monotonie (p. 162 et 165) formulée contre lui par certains critiques : « Qui parle de monotonie ? La joie est monotone la beauté monotone » (p. 132).

Le rythme du monde

Comment Senghor traduirait-il mieux la présence obsédante du réel dans la poésie qu'en rendant compte, par le rythme, de cette relation au monde ? « Le pouvoir de l'image analogique ne se libère que sous l'effet du rythme » (p. 160). Du fait même des origines orales de la poésie négro-africaine, que Senghor évoque à travers les souvenirs de son village (p. 161), le poète noir ne peut être qu'« auditif ». Le rythme naît de son émotion devant le monde et la poésie se confond avec une « danse verbale » (p. 165) ; elle est fondée sur la succession rythmique d'images spontanées et des sons. Ces images et ces sons ont pour effet de rendre compte des battements de la « sève » et du « sang », par la musique des mots ou l'accompagnement d'instruments, dotés chacun d'une signification dans la musique africaine.

Le poème écouté

La « multivalence » des images, l'importance accordée au rythme et aux sons justifie le fait que, Senghor conçoive le poème comme « chant, parole et musique en même temps », selon la tradition de la poésie antique (p. 168) et de la poésie orale africaine. Le poème est donc une œuvre susceptible de lectures différentes : « l'exécution est aussi importante que le texte » (p. 167). L'accompagnement musical n'est ni arbitraire ni gratuit : les indications instrumentales qui accompagnent chaque poème (elles ont surtout un sens pour l'auditeur africain) sont un élément de la partition. Si bien que Senghor propose trois manières d'approcher le texte poétique :

– le poème peut être « **récité** », « selon la tradition française en soulignant l'accent majeur de chaque groupe de mots » et en isolant ces groupes[1] ;

– il peut être « **chanté** », et dans ce cas l'instrument de musique joue un rôle déterminant pour l'interprétation du texte ;

– il peut aussi être « **psalmodié** », à la manière monotone d'un chant religieux.

Lorsque Senghor lui-même dit ses vers, s'il n'a pas l'accompagnement musical qui lui tiendrait à cœur, il associe la récitation et la lecture psalmodiée. Il refuse toute déclamation, coupe le texte d'une manière parfois inattendue, sans bien se soucier de la syntaxe, en marquant des temps de silence, procédant par « syncopes et contretemps », dit-il, comme dans une partition de jazz ; et en même temps il donne une lecture extrêmement monotone, comme pour rappeler l'importance de la « monotonie », qui « traduit le mouvement substantiel des Forces cosmiques, de l'Éternel » (p. 168).

On voit que cette Postface peut être considérée comme une véritable introduction à la réflexion de Senghor sur le rôle, le contenu et l'écriture de la poésie, comme un « art poétique », présenté avec une spontanéité et une technicité qui illustrent la richesse originale de la poésie négro-africaine.

---

1. On notera, à ce propos, la fréquence et la place, surprenante parfois, des virgules dans le texte imprimé des poèmes : illustration de ce que Senghor entend par « ponctuation *expressive* ».

3 Lyrisme et autobiographie

« Ah ! ne suis-je pas assez divisé ? » se demande Senghor au début d'*Hosties noires* pour bien donner à entendre que, dans toute son œuvre, il parle de lui-même et prend le lecteur à témoin de ses problèmes personnels. Le fait n'a rien de surprenant pour un lecteur occidental, habitué à voir dans la poésie lyrique un mode d'expression de la personne, voire de la vie de l'auteur. Il est plus surprenant chez un écrivain africain : rares sont, en effet, dans la littérature négro-africaine les récits ouvertement autobiographiques, puisque, ne l'oublions-pas, le fonctionnement de la société repose sur un lien communautaire. L'exubérance africaine s'associe à une très grande discrétion dans l'expression des sentiments et même dans le récit des faits et des gestes quotidiens.

L'OMNIPRÉSENCE DU JE

Le JE n'est absent d'aucun poème d'*Éthiopiques*. Il peut s'exprimer simplement, parfois de façon répétitive, ou en association avec des adjectifs possessifs de la première personne. Il peut aussi être associé à un tutoiement[1] qui, du fait de la présence de l'Autre, confirme l'existence d'un dialogue, donc la présence de celui qui dit JE.

Un JE d'emprunt

Mais on constate vite que ce JE est fort différent selon les poèmes. Il peut être le simple célébrant d'un rituel, comme dans « L'Homme et la Bête » (« Je te nomme Soir ô soir ambigu, feuille mobile je te nomme »), chargé par le

1. Dans « Ce soir Sopé... » (« D'autres chants ») on ne trouve même que le tutoiement, sans la présence explicite du JE.

procédé de nomination* de donner sa réalité au monde. Ilpeut être le griot qui interprète un chant cosmogonique* (« Congo »). Il peut aussi être le personnage historique à qui le poète donne la parole (« Le Kaya-Magan », « Chaka »).

La superposition de deux JE

Mais dans la plupart des cas, une sorte de jeu de masques se joue entre le personnage à qui le poète donne la parole et le poète lui-même. Tel est le cas de « Congo », dans lequel à la voix et aux prières du griot se superpose la voix de Senghor, évoquant ses souvenirs d'enfance (« tanns de Joal » p.102) ou d'adulte (« nuits d'Ermenonville » p. 102). À la fin du poème, on ne sait plus qui, du poète ou du coryphée* lance le chant du haut de la pirogue.

De même, le Kaya-Magan, à la fin du poème, et plus encore Chaka, se confondent avec Senghor lui-même, et, à travers les deux personnages, Senghor suggère ses problèmes ou fait état de sa solitude d'homme d'action.

Le même jeu de masques s'observe dans « l'Absente », où Senghor est tour à tour l'homme politique en campagne électorale (p. 110), l'exilé qui souffre dans une « nuit d'hiver » (p. 111), le roi qui réveille les concubines (p. 111) et le Poète qui définit le rôle de la Poésie (p. 115).

Il en va de même encore, et de façon plus complexe, dans « la Mort de la Princesse » : à l'occasion d'une mort sans doute réelle, survenue dans son entourage, Senghor fait disparaître la Princesse de Belborg, personnage imaginaire qui, dans les rêves du poète, se confondait avec son épouse. A la Princesse il prête un dernier message que lui-même aurait pu écrire, à quelques mots près. Tout se passe donc comme si Senghor dialoguait avec lui-même. Le message de la Princesse est résigné. Le rêve d'une vie commune, différente de leur vie réelle, où ils auraient été « maîtres de la Mort » (p. 144) et de l'absence, s'est écroulé : la mort de la Princesse équivaut à accepter comme inévitable l'absence de l'épouse. Cette mort est symbolique de la solitude dans laquelle cette absence laisse Senghor. Elle permet à Senghor de répondre à la Princesse, – en fait à lui-même – pour dire à la fois sa douleur devant l'absence de son épouse et son acceptation résignée et confiante de cette absence.

Le JE du poète

Cette ambiguïté du JE est entretenue dans la plupart des poèmes, au point de constituer un des éléments originaux du lyrisme de Senghor. Il est pourtant des cas où le poète cherche à parler simplement de lui-même, sans recourir de façon aussi ambiguë aux jeux de l'imagination, sans faire appel à un double ou à un héros mythique. Telle image, tel souvenir trouvent leur source dans la réalité de l'existence de Senghor et contribuent à faire d'*Éthiopiques* une autobiographie en miettes.

LES ÉCHOS D'UNE VIE

Quatre composantes principales de l'existence de Senghor se découvrent confusément au cours de la lecture Le lecteur peut, en effet, à partir d'*Éthiopiques* reconstituer des fragments d'un récit de vie, portant sur des souvenirs d'enfance, des souvenirs d'amour, des échos d'une activité politique et, paradoxalement, des souvenirs ancestraux.

L'enfance

Souvenons-nous de la Postface : « je confesserai que presque tous les êtres et choses que [mes poèmes] évoquent sont de mon canton : quelques villages *sérères** perdus parmi les *tanns**, les bois, les *bolongs** et les champs. Il me suffit de les nommer pour revivre le Royaume d'enfance » (p. 160). Ce « royaume d'enfance » que Chaka, dès lors confondu avec le poète, retrouve au chant II (p. 130) n'est pas seulement le « pays de ma mère » (p. 143) - « eau et terre à moitié » ; il correspond à un mode de vie « radieux » (p. 118), plein de douceur, et il revient à sa mémoire sous diverses formes : une promenade près d'un sanctuaire (p. 148), la « couleur de l'*Ave Maria** à Joal (p. 153), le sentiment d'exil, de l'« arrachement de soi à soi » qui a frappé Senghor lorsqu'il a dû renoncer « à la langue de [sa] mère » (p.138). Il est d'ailleurs significatif que ce « pont de douceur » qui unit Senghor à son passé et fait de l'enfance un Éden s'exprime surtout dans les « Autres chants » qui sont vraisemblablement les plus anciens d'*Éthiopiques*.

Le roman d'amour

L'image très sensuelle de la femme constitue, comme nous le verrons plus loin, l'un des grands thèmes poétiques de Senghor. Il est parfois malaisé de faire la part de ce qui, dans *Éthiopiques*, relève de l'imaginaire érotique et de l'autobiographie. C'est évidemment dans les « Épîtres à la Princesse » que l'on peut déceler le plus aisément, mêlés à la fiction et confirmés *a posteriori* par les *Lettres d'hivernage*, les éléments d'un roman d'amour à la fois fervent et peu satisfaisant.

En 1951 – date à laquelle *Éthiopiques* est déjà en gestation - Senghor a épousé la Française Colette Hubert. Celle-ci n'a vécu que par intermittences au Sénégal. Ce fait s'explique en partie par les problèmes que posa ce mariage mixte à un homme politique qui, de plus, devait se faire admettre comme catholique et sérère* dans un pays en très grande majorité musulman et wolof*. L'échange de lettres que sous-entendent le texte et le titre même des « Épîtres à la Princesse » est donc un fait réel. Est tout aussi réelle l'attente du courrier, plusieurs fois mentionnée, alors que Senghor parcourt le pays pour des raisons politiques.

La vie du couple, les souvenirs de vie commune (à Paris ou au Sénégal), des séparations, des moments de doute, des projets, avec en toile de fond les considérations sur la nature et le climat des deux pays, alimentent le dialogue qui s'établit. Un tel dialogue permet de tracer un portrait de l'homme, déchiré, inquiet, impatient de rejoindre son épouse (p.139), de vivre auprès d'elle « un long jour sans hiatus ni césure » (p. 140). Lorsqu'il évoque son emploi du temps au fil des jours, Senghor esquisse indirectement le portrait de l'épouse désireuse de ne pas porter tort à son époux dans ses relations avec ses compatriotes. Aussi apparaît-elle comme curieuse des problèmes du Sénégal (p. 136), attentive aux récits de son époux (p. 138). Elle comprend le désir de celui-ci « de mieux apprendre ton pays » (p. 137), elle est capable d'imposer à la fougue et aux rêves de son « Barbare rutilant » (p. 137) sa prudence et sa sagesse, capable aussi, à l'occasion, de le détourner du monde réel et de le retenir auprès d'elle en levant « le pont sur toute évasion » (p. 140). En filigrane, effusions, ruses, énigmes, colères parfois (p.140) sont suggérées, matière première et essentielle de la vie du poète parvenu à l'âge mûr.

L'activité politique

L'épouse sait pourtant qu'elle a une rivale, la passion de Senghor pour son peuple (p. 140). *Éthiopiques*, surtout dans les deux premières parties, permet à Senghor d'exposer quelques aspects de son activité politique et les problèmes qui en découlent, soit par le biais des épîtres directement inspirées par sa vie quotidienne, soit par le jeu d'une association entre réel et imaginaire. A propos du début de « l'Absente », il nous a fait la confidence du rapport qu'il peut y avoir entre tel petit fait vrai et la naissance du poème. Pendant sa campagne électorale de 1951, dans l'une des bourgades : « Les jeunes filles chantaient au loin, dit-il. Elles chantaient : " Tu n'es pas leur honneur " (séenbgor), " tu es notre honneur " (sunu-ngor) ». Et, ajoute Senghor, « un verset du futur poème me fut soufflé directement : Mais je ne suis pas votre honneur, pas le Lion téméraire, le Lion vert qui rugit l'honneur du Sénégal. »

Senghor énumère au hasard des poèmes les longues étapes à travers le pays, les conséquences des relations avec le colonisateur (surtout dans « Chaka »), les conversations avec les notables, la participation aux Jeux et fêtes traditionnels, les conséquences des crises économiques, « les querelles des clans les querelles des castes » (p.140). Senghor ne cherche pas à se justifier, mais à illustrer, simplement, par quelques exemples, et non de façon exhaustive, cette tâche d'« ambassadeur du Peuple noir » (p. 135) qu'il s'honore d'accomplir au mieux, tant en Afrique qu'à l'étranger. Cette tâche occupe la majeure partie de son temps et le souci de l'accomplir ne le quitte jamais, même lorsque la « mort de la Princesse » suscite en lui un sentiment de désespoir et de révolte (p. 146). Le sentiment qui l'emporte en lui est toujours celui de sa responsabilité devant le destin de son peuple.

Vivre avec les ancêtres

Paradoxalement les ancêtres demeurent présents à

chaque instant de la vie de Senghor. L'image du pont qui unit le passé au présent n'est pas seulement pour le poète l'image chère à un homme qui aime se pencher sur son propre passé. En effet, la mission dont il se charge est de maintenir un lien durable entre les « fonds sous-marins des terres ancestrales » (p. 107) et l'« Afrique future ».

Senghor a pu dire dans ses *Chant d'ombre* : « J'étais moi-même le grand-père de mon grand-père » signifiant par là qu'il s'identifiait profondément à ses ancêtres (p. 32). De même, il se sent proche des Guelowârs* du Kaya-Magan.

Il est prêt comme ce dernier à apporter ses trésors à son peuple -des « lois noires » et des « discours exacts et ryhmés » (p. 107)-, et à se ranger au nombre des « guelwârs de la parole » (p. 107). C'est de ce passé qu'il entretient la Princesse (p. 138). C'est ce passé, dont il respecte les coutumes (p. 107), qui lui apporte des réponses apaisantes (p. 148-149) ou inquiétantes (p. 148) lorsqu'il « glisse dans les fondrières de l'angoisse » (p. 147). Senghor ne cherche pas à être un historien, mais à continuer la vie de ses ancêtres : parmi les biens dont il se sent privé ne mentionne-t-il pas, comme la langue de sa mère, « le crâne de l'ancêtre » (p. 138) ?

L'EXPRESSION LYRIQUE

La mise en œuvre de ces informations autobiographiques se caractérise par une écriture d'une extrême discrétion.

Délibérément, Senghor évite de mettre en lumière les problèmes de son moi. Le passé n'est jamais exposé en association avec des tourments psychologiques, mais comme un simple constat, de façon allusive ou extrêmement rapide.

Senghor semble vouloir limiter l'expression de son passé ou de son présent à une information, qu'il invite le lecteur à entrevoir, sans véritablement l'insérer dans le temps réel. Le lecteur devient, au même degré que la destinataire des épîtres, le destinataire privilégié que le poète se contente d'informer : Senghor attend que le lecteur perçoive (comme ne manque pas de le faire la Princesse) toute la valeur du fait à peine suggéré, toute la résonance infiniment douloureuse ou voluptueuse des faits mentionnés (voir le début de *Belborg Belborg*, p. 134). En revanche, le ton devient beaucoup plus vigoureusement lyrique lorsque Senghor n'est pas lui-même le sujet du poème (« L'Homme et la Bête », « Congo », par exemple).

Un art de la discrétion

La discrétion s'impose : là où l'on attendrait cris de colère, protestations, invocations ou appels (qui caractérisent dans une certaine mesure le lyrisme romantique), Senghor propose des constats du genre « J'ai vu... », « Je pense à toi... », « J'attendrai... », « J'ai dessein... ». Formé à l'école de Baudelaire et des poètes symbolistes, il se contente de suggérer la nature de son sentiment sans préciser l'épisode qui est à l'origine du vers ou du poème.

De même, généralement, Senghor choisit de nommer plutôt que de décrire le monde qui l'entoure. Il appartient au lecteur d'entendre la force, tenant parfois à l'étymologie, d'un mot banal ou inversement de rêver sur un nom de lieu ou sur un vocable étranger. Ainsi, pour caractériser des tâches accablantes, il se contente de dire qu'elles sont « graves » (p. 136), en donnant à cet adjectif son sens étymologique le plus fort (pénibles, pesantes). Autre exemple : découvrant New York, il se contente de dire sur le ton du récit qu'il a « été confondu » (p. 115).

Un autre procédé consiste à enrober dans une sorte de mélancolie douce-amère l'évocation d'un sentiment d'angoisse ou d'un épisode attristant : « Je suis attente dans la nuit... » (p. 136) ; « Je dis simplement son sourire... » (p. 154). Autre procédé encore : le poète charge d'une grande force expressive une expression presque banale, mais se suffisant à elle-même, comme « le royaume d'enfance ».

Un Moi sublimé

Retrouvant le goût d'une poésie très peu individualisée, propre à la littérature négro-africaine, Senghor veut rester fidèle, même lorsqu'il parle de lui, à sa mission qui est de révéler l'Afrique à elle-même : « J'ai voulu être poète pour créer : pour [...] avoir, dans mes lecteurs, des amis qui, comme moi, avec moi, se réalisent en se fortifiant de nourritures spirituelles », confie-t-il à M. Aziza. Aussi refuse-t-il la justification de la poésie d'inspiration personnelle que propose, par exemple, Hugo (« Insensé qui crois que je ne suis pas toi... [1] »). Il ne veut pas être une figure exemplaire : il est significatif qu'il s'exprime aussi bien en son nom propre que par l'intermédiaire de héros mythiques comme le Kaya-Magan ou Chaka, ou encore à travers le dialogue qu'il établit avec la Princesse. Il veut être « ambassadeur » et non « conducteur » ; il refuse d'être, comme Hugo, le poète qui « seul a le front éclairé » (« Fonction du Poète ») ou qui, comme Vigny, « meurt des peines des autres » (Préface de *Chatterton*). Son rôle est celui qu'il prête à Chaka au moment de sa rédemption (p. 128) :

> Je ne suis pas le poème, je ne suis pas le tam-tam
> Je ne suis pas le rythme. Il me tient immobile, il sculpte tout mon corps comme une statue du Baoulé*[...]
> Non je ne fais pas le poème, je suis celui-qui-accompagne. (p. 128)

De ce moi dont il est prodigue dans sa prose et dans sa conversation, Senghor veut, au total, ne retenir, dans ses poèmes, que « paroles essentielles », permettant de dépasser le cas personnel (sans nier l'importance de ses tourments). Il veut illustrer le rôle fécondant du poète. Son cœur « brûle un feu sans poussière » (p. 115) : toutes les informations autobiographiques alimentent le feu nourricier du Poème « lourd de lait », comme brûlent, sans poussière, les brûlis qui enrichissent la savane sénégalaise.

---

1. Hugo veut dire par là que, même lorsqu'il parle de faits strictement personnels, le poète est le porte-parole de tous les hommes.

4 La Terre d'Afrique

L'Afrique est constamment présente dans *Éthiopiques* et la racine africaine y est vigoureuse parce qu'elle renvoie à un passé réellement vécu ou à un présent quotidien, sans prétention à l'exotisme qui pourrait naître d'un rêve inaccessible ou d'un exil douloureux. Senghor n'a jamais cessé de se présenter comme un paysan sérère*, de se montrer attentif au sort du « paysan mandingue* » ou au « sourire des signares* » (p. 146). Il parle de l'Afrique avec (et non à) chaque lecteur, comme s'il supposait celui-ci initié à la réalité du continent : « Nous écrivons d'abord, je ne dis pas seulement, pour les Français d'Afrique, et, si les Français de France y trouvent du pittoresque, nous serons près de le regretter », dit-il (p. 158).

Aussi l'Afrique, et plus particulièrement le Sénégal, étant supposés connus, peut-il s'abstenir de les décrire. Il leur demande, par leur seule présence, de jouer le rôle qui leur incombe : le rôle privilégié d'un acteur mythique et non celui de simple décor ou toile de fond. A la vision panoramique, qu'il se refuse à donner, il préfère une accumulation de notations toponymiques, d'indications sur la flore et la faune, sur les couleurs et les vents, sur les variations climatiques et saisonnières ; toutes ces notations contribuent à donner corps à cette « absente » qu'est l'Afrique, pourtant si présente ; toutes ces indications contribuent à la définir dans sa diversité, tantôt « eau et terre à moitié » (p. 143) chez les Sérères, tantôt « pays de sel » (p. 138) ailleurs.

UNE GÉOGRAPHIE SÉNÉGALAISE

Même si des images du Congo, du Mali ou de l'Afrique du Sud apparaissent fugitivement dans « Congo », « Le Kaya-Magan » et « Chaka », elles y sont associées à la référence sénégalaise : en fait c'est bien le Sénégal qui représente

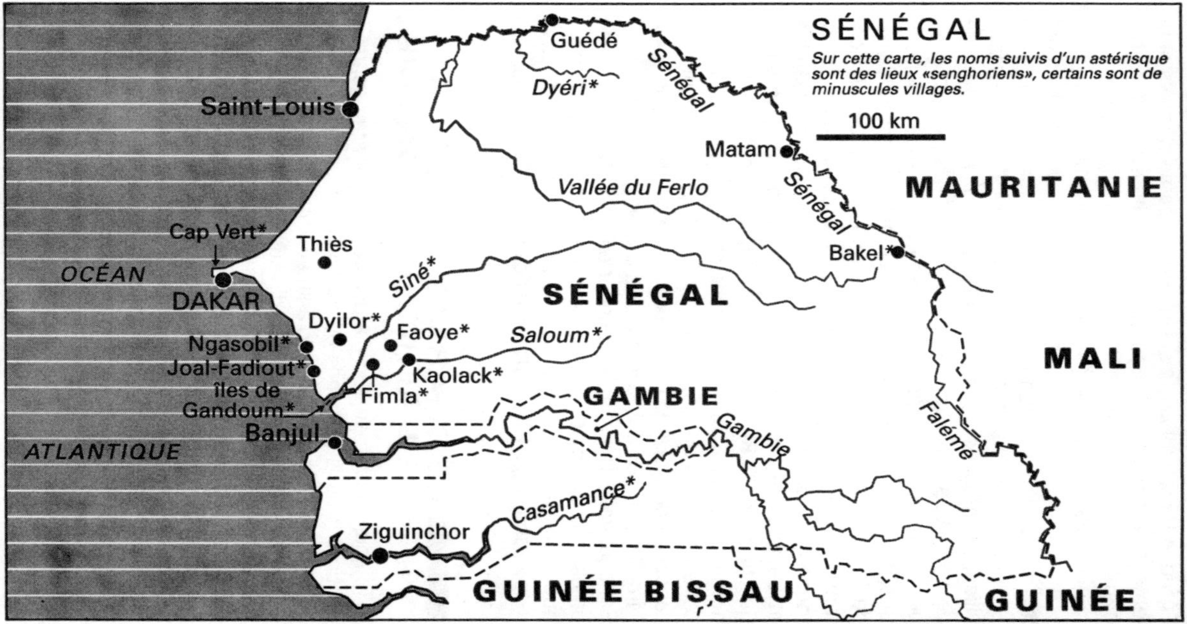

Sur cette carte, les noms suivis d'un astérisque sont des lieux « senghoriens », certains sont de minuscules villages.

l'Afrique dans *Éthiopiques*. Une petite partie du pays seulement : « la moitié de mes poèmes m'ont été inspirés par deux cantons, celui de Joal, où je suis né, et celui de Fimla, près de Dyilôr où j'ai passé mon enfance. »

Aucun des nombreux noms de lieux mentionnés n'est le fruit de l'imagination de Senghor : sur une carte du Sénégal, le lecteur découvre montagnes, fleuves, petites villes, sanctuaires forts portugais, lieux-dits du Royaume de Sine. Ces lieux que le lexique, à la fin de ce volume, permettra de situer approximativement s'étendent sur une très petite superficie (quelques kilomètres séparent Dyilôr de la mer). À ces lieux du « royaume d'enfance » s'ajoutent, un peu plus tard, au gré des voyages professionnels, tout le territoire sénégalais, les « pays hauts entre Gambie et Casamance » (p. 141) ou, plus au nord, la haute vallée du Dyéri (p. 108), le massif du Tagant, accueillant aux nomades (p. 173), ou « les marches du Fleuve », « à dromadaire parmi les dunes d'or » (p. 135). On notera toutefois l'absence de Dakar (à l'exception d'une allusion floue à « la Métropole », p. 135), comme des autres grandes villes du Sénégal (telle Thiès, dont Senghor est le député). La raison en est probablement que Senghor ne veut donner du pays que l'image essentielle, celle du désert anonyme, pays « de l'Esprit » (p. 135) plutôt que celle des cités sans âme.

LE CHARME DE L'AFRIQUE ANONYME

Toujours aussi peu enclin à décrire, Senghor fait naître le sentiment de la présence du monde africain par la simple nomination* de plantes et d'animaux qui constituent pour lui « le nombril de l'Afrique prodigieuse » (p. 84). Son intention est de mettre en place l'image d'une vie grouillante et diverse. Senghor ne se soucie pas du caractère parfois prétentieusement technique ou simplement hétéroclite du procédé, il juxtapose les nominations souvent uniques de tel animal insolite (stégomyas*, trigonocéphale*, mamba*, hippotrague*, iguane*, etc.) ou plus commun en Afrique, voire générique (singe, scorpion, panthère, girafe, autruche, ou bien oiseau, reptile, cheval, etc.). Il réserve une place de choix - et une majuscule- à ceux qui ont une signification emblématique (Lion, Buffle, Crocodile, Lamantin*). Il en va de même pour les plantes : arbres ou fleurs, rares ou moins connus du lecteur occidental (cassia*, cochlospermum*, ouzougou*, filao*, élyme*, palétuvier*, gommier*, flamboyant*, kaïcédrat*) sont associés à une prolifération de végétaux plus connus, exotiques ou non (palmes, roseaux, lianes, savane, steppe, etc.).

Ces juxtapositions montrent la dualité du regard de Senghor qui cherche à concilier deux perceptions presque contradictoires de la nature africaine : il veut, d'une part, promener un regard panoramique, pour montrer la richesse de l'environnement, et d'autre part attirer l'attention sur ce qui, dans la nature, lui semble susceptible de définir l'essence du paysage et ses correspondances significatives. Il veut, en quelque sorte faire parler l'Afrique à la fois dans sa banalité et dans son irremplaçable singularité.

COULEURS DU TEMPS

Cette terre vit de sa vie propre, au rythme des saisons et des heures du jour. A aucun moment Senghor ne laisse passer l'occasion de rappeler que ce rythme, tout en étant cosmique, a sa spécificité africaine. Tantôt s'impose la vision du désert : « blancheur des steppes », « matrice où se fondent les métaux précieux » (p. 105), « or blanc des sables où seul pousse l'élyme* » (p. 150), « par delà les dunes vineuses* » (p. 151). Tantôt c'est la brûlure mortelle du soleil : « splendeur du midi » (p. 105), « ciel sans nuages » (p. 135), « horreur [...] au zénith » (p. 148). Parfois l'impassible dureté de ce pays de sel est perturbée par les « tornades de sable » (p. 135) et sur le sol désespérément sec ne subsiste

> Rien que l'aigreur de l'Harmattan*, comme les dents du trigonocéphale*
> Au mieux rien qu'un soulèvement de sables, rien qu'un tourbillon de pruine*et de pailles et de balles et d'ailes et d'élytres* [...]
> Rien que le Vent d'Est* dans nos gorges plus que citernes au désert
> Vides [...] (p. 112).

Mais soudain la montée de la sève annonce le Printemps et au dépouillement du désert de sable succèdent la splendeur de l'eau et la promesse des riches moissons. Les tanns*, cette « mésopotamie* », chère au poète (p. 145), doivent leur prestige dans son souvenir au fait que dans ce Sénégal où le problème majeur est celui de la sécheresse, ils associent « eau et terre ». « L'heure de la rosée » (p. 109) est le moment de plus grande paix intérieure. De même le Printemps, la douceur des alizés*, « la tendresse du vert par l'or des savanes, vert et or couleurs de l'absente », contribuent à donner à l'Afrique son double visage : pays de l'Esprit où « le Vent d'Est [...] mord toute chair, brûlant toutes choses impures » et, en même temps, épanouissement sensuel de « jeunes feuilles [...] dans l'humide soleil de Juin » (p. 114), jaillissement d'une vie colorée et féconde :

> Vert et vert Wâlo et Fouta, pagne fleuri de lacs et de moissons.
> De longs troupeaux coulaient, ruisseaux de lait dans la vallée. (p. 109)

Terre qui façonne les hommes à son image : tantôt « la feuille et la lèvre y sont graves, la fleur absente, la narine* et l'épine aiguë, » (p. 135), tantôt « reverdissent nos jambes pour la danse de la moisson » (p. 113) et « nos mains s'ouvrent nénuphars, et chantent les alizés dans nos doigts de filaos* » (p. 144).

A ce qui est un thème poétique relativement banal - les rythmes des saisons-, Senghor donne une tonalité proprement africaine, en jouant sur les contrastes de climat, de végétation et de couleurs (avec une double dominante du vert et de l'or, du blanc et du noir). De cette association de contrastes rend bien compte un éloge métaphorique de la femme aimée, qui pourrait aussi bien être celui de la terre d'Afrique : le poète voudrait, lui dit-il, être semblable à la lumière, « la verte lumière qui te fait d'or, qui te fait Soleil de ma nuit splendide » (p. 152).

5 Hommes et traditions d'Afrique

Quelle que soit l'importance de l'Afrique comme interlocuteur du poète dans *Éthiopiques*, les hommes qui y vivent occupent une place prépondérante dans son imaginaire et dans ses souvenirs. La terre d'Afrique est là pour donner un sens à la vie des hommes, qu'il s'agisse de s'émouvoir à la « surrection de la sève » (p. 112) ou de brûler « toutes choses impures » (p. 135), dans le dépouillement du désert. C'est ainsi que l'image du désert, si elle est relativement rare, est significative : lieu de passage, il met l'homme en garde contre les dangers qui le menacent (« chaque touffe d'herbe cache un ennemi », p. 108) et l'invite à une silencieuse initiation : « la rumination du mot essentiel » (p. 109). Mais au bout du chemin l'attend le « Royaume d'enfance » qui, lui, est un lieu habité par des hommes et par des traditions. Comme tous les mythes de l'humanité, ce « royaume » trouve son origine dans des personnages du quotidien et dans l'interprétation de leurs gestes. « Ce sont là choses graves », pourrait dire le poète, de ce passé lointain, comme il le dit de ses activités présentes.

LES TRAVAUX ET LES JOURS

De son enfance sérère*, Senghor conserve le souvenir d'une vie surtout rurale : puits et pâturages (p. 115) sont indispensables à ce peuple d'éleveurs et de cultivateurs. Nombre des problèmes majeurs qui se posent à l'homme politique sont en relation avec les travaux des paysans : les « puits sont noyés le bétail abattu [...] le grain fait défaut » (p. 136) ; le poète déplore « mes terres sans semences mes troupeaux sans étables mes vergers sans fontaines » (p. 146) ou encore « les épidémies les épizooties la maigreur des récoltes » (p. 140).

Le lait confondu avec le bétail lui-même (« De longs troupeaux coulaient, ruisseaux de lait dans la vallée », p. 109) représente le bonheur que le monde peut apporter à l'homme : « lait clair », unique nourriture, durant la marche initiatique (p. 109), lait du poème (p. 115), lait de la bouche de Nolivé (p. 121), « lait noir » de Harlem (p. 117), lait du sacrifice rituel (p. 148), « lait du jour » (p. 152), « lait doux de coco » (p. 152), image de l'Église en joie, etc.

Il en va de même, moins fréquemment toutefois, pour les moissons (p. 109, p. 113, p. 136), dont l'image surgit, rayonnante, des pavés de Harlem, « brise verte de blés [...] labourés par les pieds nus des danseurs Dans » (p. 116). Cette dernière image est particulièrement significative : chez Senghor, conformément à la plupart des traditions, la moisson implique l'idée de fête - de la nourriture donc de la vie -, d'une fête qui, pour le Sénégalais est associée à la danse, véritable rythme biologique. C'est ce rythme que traduit Lilanga*, reproduisant les gestes ancestraux du paysan et la participation sensuelle de la terre elle-même :

> Lilanga, ses pieds sont deux reptiles, des mains qui massent des pilons qui battent des mâles qui labourent.
> Et de la terre sourd le rythme, sève et sueur, une onde odeur de sol mouillé (p. 144)

Du « potopoto* fécond » (p. 100) des premiers temps, au rêve de « la mésopotamie* où le sol est bien noir et le sang sombre et l'huile épaisse » (p. 143), rien n'est changé : la noblesse de l'homme est de « vivre cette terre » (*ibid.*). En évoquant le travail de l'éleveur sérère*, en espérant trouver un remède à sa solitude dans « la science du paysan mandingue* » (p. 146), Senghor laisse entendre que chez eux, il retrouve les valeurs traditionnelles de l'Afrique.

L'AFRIQUE TRADITIONNELLE

Plus discret que dans ses autres livres sur les cérémonies traditionnelles de son pays, Senghor se contente de les évoquer incidemment, comme témoignages des devoirs de sa charge : réjouissances populaires (Jeux, fêtes de la Moisson, p. 136), rites religieux (ballet des circoncis, p. 136; initiation, p. 100; sacrifices rituels, p. 147, p. 148; culte catholique, p. 152, p. 153). En fait ce sont surtout des traits culturels qui retiennent son attention : ils rappellent la force des liens entre le poète et son peuple.

La langue

« Vêtu de mots étrangers » (p. 81), Senghor entend ne pas renoncer à sa langue maternelle. Son lexique en témoigne sans ostentation mais avec constance. « Cette langue labile* avec des glissements sur l'aile », il la caractérise, aux dépens peut-être de la poésie, avec la technicité du linguiste qu'il est : elle « chante sur trois tons* [...] tissée d'homéotéleutes* et d'allitérations*, de douces implosives* coupées de coups de glotte* comme de navette* »). Mais il a aussi vers elle un véritable élan, comme s'il parlait d'un être vivant : « maigre et parcimonieuse, je dis parcimonieuse, où les mots sans ciment sont liés par leur poids », p. 141). Elle est pour lui le moyen de préserver une fragile unité avec les autres, avec l'Afrique, avec son être divisé, et de rester fidèle à sa mère (p. 138).

Pratiques culturelles et morales

Un autre lien se fonde sur des pratiques culturelles et des références morales communes. De nombreux faits appartiennent à la tradition de respect d'autrui qui prédomine dans les relations sociales. : jeux d'énigmes, porteurs de sagesse, raffinements de la pensée des « princes de l'euphuïsme* » (p. 141), nominations* et échanges des traditionnels messages de bienvenue (p. 106-107), hospitalité délicate (p. 137), éloges de la Dame, selon la tradition courtoise *(p. 107, p. 156, « nous devisons de toi la Précieuse de ton essence »), chœurs et danses (p. 110, p. 153), chants alternés et battements de mains (p. 151), etc.

Cette tradition impose également, non sans une exigence de pudeur, le sens de l'honneur, expression profonde de la relation du poète à son peuple (« Me voici rendu à mon Peuple à mon honneur », p. 141). Proclamé comme mot essentiel et « explosif » dans « Teddungal », et défini dans « Congo » (« mon honneur dans la soumission », p. 102), l'honneur correspond à un véritable art de vivre, dit Senghor dans *Liberté I* (p. 278) :

> L'honneur est en même temps sentiment, conscience et acte vital [...] idéal d'humanité et acte de vie. Idéal qui postule l'excellence, sinon la perfection dans tous les domaines. Chez les Wolof du Sénégal, l'honnête homme, le dyambour doit posséder les qualités les plus diverses : beauté et force physique, distinction et urbanité, richesses matérielles et richesses morales. Honorer quelqu'un [...] c'est surtout lui rendre justice en lui accordant ce qui lui revient de droit de par sa seule qualité d'homme.

Le passé

Une autre forme de ce lien avec la tradition est la référence à des hommes et à des faits exemplaires, images d'un passé glorieux transmises d'âge en âge par les griots*. Senghor comme tout jeune Africain a puisé aux sources ancestrales. La référence à l'histoire est obsédante chez lui, non seulement dans « Le Kaya-Magan » (p. 103-105), mais aussi dans « L'Absente » (p. 111) ou dans ses relations avec la Princesse qui a le double mérite de se plaire à ces récits épiques et de l'aider à retrouver symboliquement tout ce que représente Dyilôr* (p. 138). Ce qui, chez un Européen pourrait n'être que romantisme rétrospectif, voire sens du patrimoine, est composante essentielle de son présent culturel. Cela explique sans doute, indirectement, qu'il associe souvent la Princesse normande au passé wiking* de la Normandie.

Le tam-tam

Enfin, la constante référence au tam-tam doit être interprétée dans le contexte africain. Véritable bibliothèque sonore, le tam-tam n'est pas, comme pourrait le donner à croire le goût actuel pour un certain exotisme musical, un quelconque instrument de musique : il donne à l'Afrique son écriture auditive. Il rythme les actes de la vie quotidienne aussi bien que le rituel religieux. De plus, pour Senghor, du fait que le tam-tam est étranger à la culture occidentale, il est ressenti comme une expression authentique de la négritude.

Le tam-tam n'est pas seulement l'accompagnement musical des poèmes (tam-tam funèbre de « Chaka » et de

« La mort de la princesse », tam-tam lointain de « *Laetare Jérusalem* »). Il a aussi son expression propre (et son rôle à jouer) par le moyen des mots, dans le texte de nombreux poèmes : tam-tam lancinant, jusqu'à l'ivresse, de la danse (p. 144), tam-tam annonciateur d'un monde naissant (p. 102, p. 105, p. 132), « rythme et sang du tam-tam, tam-tam sang et tam-tam ». Il exprime métaphoriquement la force éternelle de l'Afrique (p. 117) ou la passion d'un homme (p. 151) ; il peut être la voix de deuil de tout un pays (p. 145, p. 148). Il traduit « sans hiatus ni césure » cette « musique intérieure » de l'Afrique que Senghor s'attache à retrouver, après l'avoir entendue jadis chez les « poètes gymniques » qui « ne pouvaient composer, ne composaient que dans la transe des tam-tams, soutenus, inspirés, nourris par le rythme des tam-tams » (Postface, p. 161).

FACE AU PRÉSENT

A la lumière de la tradition, l'Afrique apparaît comme un mythe éternel, dont Senghor veut restituer les principaux aspects. Il n'en est pas moins un homme du XXe siècle, engagé de surcroît dans la vie publique et attentif (plusieurs volumes de *Liberté* en témoignent) aux questions politiques, sociales et économiques autant qu'aux questions culturelles. Il sait qu'en ce milieu de siècle l'Afrique est à un carrefour de son histoire. Il est donc normal que l'on entende dans *Éthiopiques*, outre le témoignage de Senghor sur la situation coloniale (voir chap. 7), quelques échos, même fugitifs, de rencontres entre le passé, le présent ou l'avenir du continent.

L'opposition entre le respect de la tradition et une nécessaire évolution des mentalités est abordée dans le poème « Messages » (p. 106-107) : le Beleup de Kaymôr. Le Beleup de Kaymor représente la vieille aristocratie et il en respecte les traditions (« Arbre des palabres* », « récade* », réception solennelle, à dimension épique, échange de cadeaux, périphrases poétiques telles que « nous nageons par la mer pacifique » pour déclarer alliance ou amitié). La réponse de Senghor à cet interlocuteur « surgi du Royaume d'enfance et des fonds sous-marins des terres ancestrales » est conforme aux usages d'une tradition médiévale. On trouve donc dans les propos de Senghor périphrases (« navires-de-terre* »), protestations d'humilité (« char blanc/chevaux obscurs », la grandeur étant évidemment du côté de la couleur noire), remerciements pour les cadeaux, pour la beauté et les « paroles plaisantes » [1] de la jeune fille qui accueille (ou qui est offerte ?), salutations rituelles aux Dames.

Mais ce que Senghor peut offrir de plus précieux, est d'une autre nature : des lois[2], des discours exacts, une assemblée représentative (« circulaire », p. 107) et une adaptation aux temps modernes du rôle des « guelwârs* » et des « maîtres de la parole » d'antan. En effet la maîtrise de la langue ne suffit plus, elle doit s'associer à la science, de même que la bravoure du Lion* (animal totémique* de son père) doit s'associer à la Sagesse du penseur.

Dans l'exercice de ses fonctions, Senghor doit résoudre des problèmes juridiques ou sociaux hérités de cette tradition qui s'adapte mal aux exigences du temps présent : problèmes d'indivision (p. 112), « querelles intestines » (p. 136), « les querelles des clans, les querelles des castes » (p. 140), « embûches des puissants » (p. 108). Il doit également faire face aux problèmes nés de la mauvaise adaptation de l'agriculture, du commerce et de l'industrie à une situation économique difficile : l'émeute menace sur « les places des villages [dans] les boutiques des bidonvilles et les ateliers des manufactures » (p. 112) qui sont « ruinées » (p. 136) ; la moralité est quant à elle ébranlée : « luxe et licence » triomphent ; les femmes quittent leur foyer ou tombent dans l'adultère, les jeunes contestant l'autorité de la tradition réclament leur part d'indivis » (p. 112), la malhonnêteté collective s'installe (p. 112-113). Comment, devant une telle situation, le poète ne serait-il pas tenté de « faire retraite », pour réfléchir, fort de « la confiance de [son] Peuple » (p. 135), aux moyens d'adapter la tradition africaine aux urgences du présent ?

---

1. Senghor aime à rappeler que les Sérères* désignent la poésie par l'expression « paroles plaisantes ».

2. « lois **noires** sur fond **blanc** » : l'opposition blanc/noir du début est reprise. On peut l'interpréter comme préconisant une législation de nature occidentale mais adaptée au Sénégal.

6 Les Mirages de l'Occident

L'expérience de la vie a permis à Senghor de porter un regard lucide sur « les peuples-de-la Mer* », tout en se laissant prendre au charme de celle qui les représente dans sa vie privée. A la différence des recueils précédents, le regard critique passe ici au second plan : les combats anticolonialistes sont déjà en train de prendre fin, même si l'on en trouve de vigoureux échos dans *Éthiopiques*. Le sentiment qui s'impose est celui d'un homme ébloui, tenté et pourtant défiant.

CRITIQUE DE L'OCCIDENT

La critique de Senghor porte sur trois points principaux : le mode de vie, le fonctionnement de la pensée et la colonisation[1].

Le mode de vie occidental

La découverte de New York permet à Senghor, une fois passé le premier éblouissement, de formuler des griefs précis. Ils s'expriment, dans la première partie du poème (p. 115-116), tantôt sous forme d'images, tantôt sous forme d'arguments :
- images de froideur, rendue par les expressions de « métal bleu », « sourire de givre », « éclipse du soleil », « fûts livides », « muscles d'acier ». Cette froideur transforme la timidité initiale en angoisse car elle est associée à une absence de lumière, qui correspond à une absence de vie : « yeux de chouette parmi l'éclipse du soleil », « lumière sulfureuse ».
- démesure de l'homme qui rivalise avec le Créateur : les gratte-ciel « foudroient le ciel », « défient les cyclones », la peau des pierres est « patinée » (et non naturelle).

1. Cette question sera abordée dans le chapitre suivant.

A partir de ces deux constats, la critique prend forme : New York est la ville de l'artifice, aussi éloignée qu'il est possible de l'être du mode de vie africain, qui, en contrepoint, apparaît comme le seul satisfaisant. Le poète n'a nul besoin de rappeler qu'en Afrique, il y a des puits et des pâturages, des oiseaux qui volent dans le ciel, des enfants rieurs et confiants au sein de leur mère, que la chair comme les cœurs y sont naturels, la sagesse accessible, les nuits paisibles, l'amour fécondant. De tout cela il est certain.

Pour évoquer New York les images se succèdent et chacune correspond à un grief bien précis : ignorance de la nature (v. 9 et 10) ; exclusion de l'enfant de la vie familiale ; absence de sensualité (des « jambes de nylon. Des jambes et des seins sans sueur ni odeur ») ; absence de communication, toute relation étant fondée sur le profit (payée « en monnaie forte ») ; indifférence à la « sagesse », ignorance de la vie réelle (« la palette du peintre fleurit des cristaux de corail ») ; absence de repos, jusque pendant la nuit ; réduction de l'amour à une « hygiène », recours à des méthodes anticonceptionnelles.

Dans ce monde où tout est factice nul n'a même l'idée, si ce n'est les Noirs de Harlem* « d'ouvrir les yeux à l'arc-en-ciel d'Avril et les oreilles [...] à Dieu » (p. 117).

Le fonctionnement de la pensée

Sur un autre ton, mais dans le même esprit, Senghor se range, dans « Le Kaya-Magan », du côté » de l'Amour (« Mon empire est celui d'Amour », p. 105), et prend le parti des faibles, de ceux qui reconnaissent d'autres valeurs que la raison ou l'instinct : « Mon empire est celui des proscrits de César, des grands bannis de la raison ou de l'instinct ». Une critique sous-jacente de l'intellectualisme froid soutenu par les « César » de la colonisation perce dans cette phrase ; elle est confirmée à la fin de « L'Absente » (p. 114) : sans les désigner autrement, Senghor y renvoie au néant les « distraits aux yeux blancs de perle », ceux qui veulent ignorer que la tête « prend racine dans la poitrine, et bien plus bas jusqu'à la racine du ventre ». Comme Chaka, il rejette une civilisation technicienne qui ne sait aborder la réalité charnelle des hommes qu'« avec des règles, des équerres, des compas des sextants » (p. 122).

L'OCCIDENT ET LA PRINCESSE

Senghor ne parle pas en vain lorsqu'il se place sous l'empire d'Amour. Seul, auprès de « l'Étrangère aux yeux de clairière, aux lèvres de pomme cannelle, au sexe de buisson ardent » (p. 105), il devient sensible à ce « rythme binaire de l'espace » qui, entre autres interprétations possibles, rappelle son déchirement entre le Sénégal natal et la Normandie d'adoption. « Je meurs de vivre le cœur absent », confie-t-il (p. 111). L'Occident se confond un peu à ses yeux avec l'épouse aimée. Il s'enrichit de toutes les qualités qu'il prête à celle-ci (voir p. 110). Une admiration nuancée, fondée sur des raisons affectives autant que culturelles, coexiste avec son rejet du monde occidental.

UN PAYSAGE EN DEMI-TEINTE

L'image que Senghor donne de la France est profondément différente à la fois de celle de New York, monde d'une société artificielle et inhumaine, et de celle de l'Afrique, terre de traditions de contrastes, de sensualité et de violence. Très significatif est le regard qu'il porte sur Paris : en contradiction, presque image pour image avec le premier regard porté sur New York (p. 115), Paris apparaît comme une ville « à la quête du soleil, où la lumière est dans les rues, sur les pierres d'ivoire sur les pierres de bronze vieux [...] et les fleurs y sont vives, la voix des femmes de cristal et l'âme plus déliée » (p. 134).

La France et la Princesse qui l'incarne hantent sa rêverie, sous la forme métaphorique d'une nature colorée, fleurie et parfumée (« jambes longues frisées d'or blanc », « lèvres fleurant les forêts de sapin », p. 137 ; « ton corps [est] un paysage », p. 139). A l'opposé de l'Afrique où les contrastes peuvent s'exalter jusqu'à la cruauté, la violence, la transe, l'Europe apparaît comme harmonieuse et nuancée, don incessant d'une nature amicale : le sapin « reste vert sous la mort blanche » (p. 138), le ciel « fleurit », le pays est « ouvert », les « polders paisibles » (p. 134).

LA FRAGILITÉ DU BONHEUR

Mais ce monde n'est-il pas trop différent de celui de Senghor et aussi fragile que le bonheur personnel dont il est le témoin et l'expression ? Le poète n'attend-il pas trop de « l'éclat des salons » et de « la fête de l'esprit » (p. 135) ? Il y a quelque chose d'« insondable » (p. 137) dans le roman d'amour entre le Poète et la Princesse normande, d'inquiétant dans les colères ou dans l'emprisonnement qu'il évoque (p. 140). Peut-être accepte-t-il trop aisément que ce pays si différent du sien, cette femme si différente de lui, désarment sa volonté et fassent de lui un être faible (p. 140-141), seulement attentif au sourire du pays et de la femme et disposé à un trop facile abandon (« Nuits d'Ermenonville en Automne - il avait fait trop beau trop doux », p. 102). Il exprime, en effet, à l'égard de ce pays et de ce roman d'amour un sentiment d'attente - « délices ou douleur, je ne sais » (p. 140)- qui ne tarde pas à provoquer un sursaut d'énergie.

Le sentiment premier, dans son souvenir, fut celui d'une naissance (« comme le grondement des cascades généreuses à l'aube du monde »), rendue possible par « tes yeux qui chaque jour me faisaient naître » (p. 143). Ce pays suscite dans le cœur du poète un « grand besoin des murmures de Mai à Montsouris, de la splendeur des Tuileries à la fin de l'Été ». Mais aussitôt surgit, comme un cri de révolte contre cette trop délicieuse tentation, le désir de rompre avec « les paratonnerres » et d'aller vivre ailleurs, au pays mythique de la noblesse et de la transe.

D'ailleurs le dernier message de la Princesse (p. 145) vient, à son tour, confirmer, presque terme pour terme, qu'elle se heurte aux mêmes problèmes que le « Barbare rutilant des feux de brousse et de tam-tams » (p. 137) : ce n'est pas sans ironie que Senghor lui prête son propre style et lui fait évoquer ses devoirs, ses querelles de clans, les passions débordantes, la nécessité de « raccommoder et rebâtir ». N'est-ce pas, sous la plume de la Princesse, le sentiment même de Senghor qui s'exprime lorsqu'il imagine qu'elle lui écrit : « ta parole était poison au réveil de l'ivresse » (p. 145) ?

Au total, ce pays d'Occident, quels qu'en soient le charme et la douceur ne peut retenir durablement le poète dont la « noblesse est de vivre cette terre [...] selon cette terre » (p. 145). Hostile à la Ville démesurée, séduit par le charme d'un paysage riche en sourires, et par la beauté d'une ville sereine dans ses traditions, il a pu connaître la tentation de succomber au mirage - « et la honte faisait mon visage de cendre » (p. 141). Mais la mort symbolique de la Princesse lui a permis de voir plus clair en lui-même « la lumière lentement s'étend sur mes yeux de nuit » (p. 146).

7 Échos des combats

Les cris de colère de Senghor contre des situations qu'il juge inacceptables sont plus rares dans *Éthiopiques* que dans les recueils précédents. Trois formes de l'adversité sont pourtant évoquées avec force, parfois associées l'une à l'autre : l'avènement de l'Homme dans son combat contre la Bête des origines, le cours funeste de l'Afrique et du monde dans l'Histoire et surtout le fléau de la colonisation.

L'HOMME ET LA BÊTE

Ce titre du premier poème résonne comme une ouverture épique : l'homme, aux origines du monde, a dû, dans un grouillement de bêtes maléfiques et dans une atmosphère de création, affronter l'hostilité, déjouer les ruses de la matière et de la bête. Il n'aurait pu avancer, mais seulement patiner dans la boue (p. 99), s'il n'avait eu le soutien du « Diseur-des- choses-très-cachées » (qui représente la Connaissance révélée aux Initiés*). Mais au cours de cette lutte millénaire, l'homme a eu également le soutien de la pensée (« O pensée qui lui ceint le front », p. 100) ; grâce à elle, il peut dompter la création. Au moment de la victoire, qui a fait de lui « le seigneur des forces imbéciles », sa joie s'exprime par le rythme du « chant dansé », mais aussi par la Parole que symbolise « l'arc-en-ciel des sept voyelles » (p. 100).

Malheureusement la destinée de l'homme africain est un éternel recommencement et les ennemis ne cessent de le guetter, la panthère aussi bien que les fourmis, le silence des forêts autant que les « chants savonneux de l'Homme- blanc » (p. 102). Poète il ne devra jamais oublier qu'il ne possède pas la science (p. 103) : il n'est pas le Fondateur (p. 110), mais l'exécutant, « celui-qui-accompagne » (p. 128) et qui s'accorde au rythme du monde (incarné ici par la femme, p. 102).

L'AFRIQUE ET L'HISTOIRE

L'évocation que Senghor fait à la Princesse des tourments de l'Afrique illustre son constat pessimiste. Le combat n'est jamais achevé : à l'hostilité de la Bête des origines a succédé l'exploitation par « l'Homme-blanc ». Dans une sorte de vision d'apocalypse (qu'il prête d'ailleurs à des Prophètes imaginaires), Senghor évoque et trois moments fatidiques de l'Histoire (p. 142) : l'an de la Découverte et sa conséquence immédiate, l'esclavage des Africains, motivé par l'appétit de richesse et de main d'œuvre des blancs (« les eaux des fleuves roulèrent de l'or et des sueurs »); l'an de la Raison, responsable de la double destruction - celle des hommes et celle de la culture- de l'Afrique : avec les soldats, bourreaux qui se baignèrent dans le sang, vinrent les savants (Senghor songe ici probablement aux ethnologues, historiens ou linguistes auxquels, en d'autres occasions, il a reproché de n'avoir considéré l'Afrique que comme un champ d'expérimentation ou une source d'information); viendra enfin l'an de la Technique, qui sera responsable de la désagrégation de la matière et de la stérilisation des espèces : écho d'une époque - les années 50- où le monde vit dans l'angoisse d'une guerre atomique.

Sans doute un combattant sans âme pourrait-il se réjouir de voir le monde blanc, pris à son jeu, victime de cette technique qui a fait sa force face à l'Afrique : n'est-ce pas le monde blanc, avec sa science et ses instruments de mort- « tigres[1] sillonnant le ciel » - que l'on voit à l'œuvre avant même l'intervention des Prophètes? Il pourrait aussi voir dans cette catastrophe le juste châtiment infligé par Dieu. Mais Senghor, en bon chrétien, retrouve l'inspiration de cette « Prière de paix » (p. 92-96) où, tout en disant sa haine de l'Europe blanche, il souhaitait voir celle-ci pardonnée et rêvait d'une « ceinture de mains fraternelles » (p. 96). Il ne peut souhaiter que la civilisation blanche soit emportée dans la catastrophe annoncée par les Prophètes, car « le deuil du Septentrion sera mon deuil. J'ai offert mes yeux à la nuit pour que vive Paris » (p. 142).

---

1. N'oublions pas que le tigre est un animal inconnu en Afrique.

La colonisation

Quelques allusions, éparses dans le recueil, suggèrent les méfaits de la colonisation dont l'Afrique ne peut attendre que des « chants savonneux » (p. 102), des ruses à déjouer (p. 140), une dépravation morale qui fait des femmes un produit intégré dans un circuit économique, comme, en Europe, le charbon et l'acier (p. 113).

Mais, au mépris de l'Histoire (le chef zoulou ayant vécu bien avant les débuts de la colonisation), c'est dans « Chaka » que Senghor procède à une analyse précise de la psychologie du colonisé et des méfaits de la colonisation.

Chaka dialogue avec « la Voix blanche » insidieuse qui, cherche à lui faire entendre la voix de sa conscience (p. 119) et à lui faire avouer « que le pouvoir fut bien [son] but » (p. 123). Elle reprend ainsi, implicitement, le propos colonialiste selon lequel le continent africain n'était qu'un monde barbare, victime du heurt des ambitions personnelles, à qui les Blancs ont apporté morale et science (on notera, p. 119, le quiproquo significatif entre « conscience » et « science »).

Pour justifier son comportement tant à l'égard de son peuple que de Nolivé, Chaka tient à évoquer les premiers temps de la colonisation et à formuler ainsi ses griefs :

- À l'accueil naïf et généreux des Africains[1] (p. 125), prêts à leur donner toutes sortes de « marchandises », précieuses ou simplement exotiques, les Blancs ont répondu par des cadeaux malhonnêtes et méprisants (« présents rouillés », « poudreuses verroteries »), et par une violence, appuyée sur la force des canons.
- Ces « messagers des dieux » n'étaient que les « possédants d'Outre-Mer », dont la venue annonçait une exploitation que Senghor qualifie volontiers de capitaliste. Leur « science », symbolisée par les règles, les équerres, les compas et les sextants- autant d'instruments nécessaires à une navigation inconnue des piroguiers africains -, et aussi par les canons (p. 122 ; voir aussi p. 142) ne tarda pas à se révéler moyen de sujétion.

---

1. Cette lecture de l'Histoire fait plutôt songer à l'accueil des Amérindiens, au génocide et à l'exploitation de l'Amérique latine.

- La colonisation permit (p. 123-124) une exploitation destructrice de la terre et des hommes d'Afrique. C'est soudain, de façon anachronique, l'image de l'Afrique contemporaine qui surgit : grands travaux (routes, barrages), construction de voies ferrées (« les doubles routes de fer[1] ») qui répondirent, effectivement, aux besoins des compagnies minières, entre autres. Senghor évoque aussi le problème posé par la sujétion d'une masse de travailleurs noirs à une loi et à un rythme de travail proches de l'esclavage, « dans les chantiers, les ports les mines les manufactures ».

Ce dernier point du réquisitoire concerne presque explicitement la situation de l'Afrique du Sud, pays riche en ressources minières qui, à l'époque d'*Éthiopiques*, pratiquait une politique de ségrégation*. Une masse considérable de travailleurs noirs, venus de tous les pays voisins pour trouver leur subsistance dans ce pays, se voyaient contraints de résider, avec des salaires de famine, dans « les kraals* de la misère ». Il dédie d'ailleurs « Chaka » à ces « martyrs bantous de l'Afrique du Sud » (p. 118). La haine de Chaka (p. 124) contre l'oppression est particulièrement vive du fait que l'Afrique du Sud illustre jusqu'à une monstrueuse absurdité les abus de la colonisation (encore que l'Afrique du Sud n'ait jamais été un pays « colonisé », au sens où on l'entend d'ordinaire[2]). La colère des pays africains et le désir de Senghor de prendre part à la lutte anticoloniale explique la lecture ambiguë, voire contradictoire, qu'il a donnée du personnage de Chaka, difficile à défendre en raison de ses propres outrances.

---

1. La construction du Niger-Dakar (évoquée par le romancier sénégalais Sembène Ousmane dans *les Bouts de bois de Dieu*) et surtout celle du Congo-Océan, au Congo, ont exigé un effort très pénible et coûteux en vies humaines.

2. La « colonisation » du pays est comparable à celle des USA : elle découla de l'installation au XVIIe siècle d'immigrants de religion protestante, hollandais et français surtout, et non de l'initiative d'un État européen. De longs conflits opposèrent les Blancs d'Afrique du Sud et la Grande-Bretagne avant l'indépendance totale des Blancs. Mais la population noire, majoritaire, vivait récemment encore dans une sujétion coloniale (régime d'apartheid) sous la domination des « indigènes » blancs exploitant la main d'œuvre noire.

Dans les combats relatés par Senghor trois constantes s'imposent : la défense des valeurs qui donnent sa dignité à l'homme, le désir de « préparer les moissons à venir » (p. 126) et l'espoir en une fraternité universelle (p. 125).

8 Fonctions du poète

Senghor, tout en étant le porte-parole et le témoin de l'Afrique veut aussi être le Poète. Le paradoxe est que, simultanément, il veut, par le moyen du Poème, exprimer la force de la Parole, goûter le monde dans lequel il vit au quotidien, parler de lui en homme responsable et révéler ce monde à lui-même dans une sorte de vision prophétique ; parler, vivre, dire ce qu'il vit et imaginer ce qu'il voudrait vivre. Objectifs qui rendent complexe la fonction du Poète et la pratique de la Poésie.

PUISSANCE DE LA PAROLE

Le « prétemps* du monde » (p. 154) est celui du temps primitif, « complainte sans mémoire », « vie d'avant mémoire » (p. 116), précédant la naissance de la Parole. Celle-ci existait à peine au « royaume d'enfance ». Ce temps mythique se confond parfois avec celui du silence dans le souvenir de Senghor :

> C'est le silence alentour.
> Seuls bourdonnent les parfums de brousse, ruches d'abeilles rousses qui dominent la vibration grêle des grillons
> Et tam-tam voilé, la respiration de la Nuit.
> Toi Tokô'Waly, tu écoutes l'inaudible (p. 36)

Du silence à la parole

Senghor est souvent un poète du silence : silence angoissant de la forêt (p. 102), des chantiers sans voix (p. 124), de la mort (p. 146), de l'amante soudain silencieuse (p. 147), voire silence de la Princesse dont il attend les lettres.

Mais la parole naît : le combat de l'Homme contre la Bête (voir ci-dessus p. 72) s'achève sur « un long cri de comète [...] une large clameur rythmée d'une voix juste » (p. 100), et par la venue de « l'arc-en-ciel des sept voyelles », qui illustre le langage et son écriture.

De la parole Senghor connaît pourtant les limites. Il sait qu'elle peut avoir pour seul objet de nommer « les choses futiles » (p. 114); il sait que son rôle demeure vain si elle se réduit à n'être qu'un moyen de communication presque mécanique, « en l'absence des lèvres » (p. 116). Alors « les mots s'envolent et se froissent au souffle du Vent d'Est*, comme les monuments des hommes sous les bombes soufflantes » (p. 115). Senghor sait aussi que la parole est parfois inefficace. Bien des choses essentielles ne peuvent être dites : « le nom de l'Absente est ineffable » (p. 114) et « au pays de ma mère », les hommes « ont neuf noms pour nommer le palmier mais le palmier n'est pas nommé » (p. 141).

La nomination*

Le Poète sait pourtant que la Parole peut aussi contribuer à donner existence aux choses : leur simple nomination fait fleurir les choses (p. 114) et la seule profération du « mot explosif », *teddungal**, suffira à provoquer un nouveau rapport au monde :

> Ce fut un grand déchirement des apparences, et les hommes restitués à leur noblesse, les choses à leur vérité. (p. 109)

Aussi, au sortir du silence, tellement chargé de messages, le poète revendique-t-il le droit à la parole, mais à une parole qui soit véritablement fécondante, parole « sperme » telle qu'il la décrit dans *Liberté III* (p. 226) :

> expression de l'essence de l'homme, contenant plus que tout élément, l'huile de la fécondité, la Parole est nourriture, mais nourriture vivifiante. La Parole est sperme.

A partir d'une autre métaphore, c'est la certitude qui s'exprime à la fin de « L'Absente », lorsque Senghor écrit que « le poème est lourd de lait » (p. 115).

Le choix entre les divers rôles de la Parole, simple moyen d'expression ou instrument de fécondation du monde, est l'une des premières fonctions que Senghor attribue au Poète.

L'ENCHANTEMENT POÉTIQUE

Le poète sera d'abord l'enchanteur qui, avec le goût, propre à toute poésie orale pour le Verbe et pour l'Image, donne à voir et à rêver. Senghor a conscience de céder à cette tentation de l'enchantement poétique. Le poète embellit la réalité : il se comporte à la manière des « jeunes filles aux gorges vertes » qui, au début de « l'Absente » tracent de lui, dans leurs chants, un portrait resplendissant ou de la « jeune fille nubile » qui lui offre « discours très odorants » et « paroles plaisantes » (p. 107). A son tour, le Poète, entraîné par le jaillissement des mots et des images, chante la beauté de la femme en retrouvant « le khalam* de son dyâli* » (p. 149) : qu'il s'agisse du Congo féminisé (p. 101), de la fascinante beauté de l'Absente (p. 114), de l'étreinte nocturne de Chaka et Nolivé (p. 131) ou de l'enivrante image de la Princesse (p. 139), ou encore de la « douceur de cannelle des vieilles berceuses » (p. 153), il savoure un harmonieux parler poétique. Grâce à la poésie, il peut traduire, sans autre ambition apparente, la beauté du monde environnant :

> [...] ma gloire
> Est de chanter la mousse et l'élyme* des sables
> La poussière des vagues et le ventre des mouettes, la lumière sur les collines
> Toutes choses vaines sous le van*, toutes choses vaines dans le vent et l'odeur des charniers
> Toutes choses frêles dans la lumière des armes, toutes choses très belles dans la splendeur des armes
> Ma gloire est de chanter la beauté de l'Absente. (p. 110-111)

Les mots servent à associer images et souvenirs à profusion et le poète se plaît à les juxtaposer dans de véritables blasons*, conformes à la tradition courtoise* ou précieuse.

C'est encore le plaisir de la parole que savoure Senghor lorsqu'il chante l'union des corps et des cœurs, la beauté du paysage africain ou la fête de « la Nuit plus véridique que le jour, [...] l'heure pure où dans les rues, Dieu fait germer la vie d'avant mémoire » (p. 116). Les « paroles plaisantes » exercent alors leur effet d'envoûtement par le moyen de la langue, avec laquelle Senghor entretient un rapport presque sensuel. En témoignent les quelques vers où il tente de rendre perceptible la chair du verbe : « Je m'enchantais aux jeux de cette langue labile* avec des glissements sur l'aile [...] Musclée et maigre, je dis parcimonieuse, où les mots sans ciment son liés par leur poids. » (p. 141.)

Mais cet enchantement n'est-il pas redoutable ? Senghor sait aussi que « le chant n'est pas que charme » (p. 114). Le risque est grand pour les poètes de faire comme les griots * : « Ils chantent, mais ce n'est pas ce qu'ils voient de leurs yeux » (p. 156).

Aussi le Poète refuse-t-il de succomber à la tentation d'un engourdissement délicieux qui l'amènerait à perdre de vue les difficultés du monde réel et à voir dans la poésie une évasion, propre à satisfaire des rêves épiques ou érotiques. De même qu'il fera de l'Absente une Présente, il témoigne dans « Teddungal » du combat douloureux qu'il doit livrer, comme homme mais aussi comme poète contre toute forme de rêve, héroïque (évoqué implicitement par les « lances », les « tam-tams peints de couleurs furieuses » et le « lion ») ou esthétique (les « roses » du lyrisme érotique). Elles sont dignes de Chaka, les phrases qui précèdent le moment où le poète va découvrir avec l'honneur (*teddungal*) la vérité des choses :

> Nous avons ceint nos reins, affermi les remparts de notre cœur, nous avons repoussé lances et roses
> Roses et roses les navettes qui tissaient lélés* et yêlas*, exquis les éloges des vierges quand la terre est froide à minuit. [...]
> Ah ! ce cœur de poète, ah ! ce cœur de femme et de lion, quelle douleur à le dompter. (p. 108-109)

On verra que désormais, sans renier ce qui relève d'une tradition poétique sénégalaise aussi bien qu'occidentale, Senghor songe à confier au poète des tâches plus ambitieuses.

LE POÈTE ACCOMPAGNATEUR

En principe, Senghor se donne pour tâche d'être une sorte d'écho sonore de l'Afrique qu'il parcourt comme un « Itinérant » (p. 135) et dont il découvre les problèmes et les particularités, jour après jour. Doté d'un instrument, la parole, il se refuse à être « Conducteur » ou « Fondateur » ; il se contentera d'être « le Dyâli* » (p. 110). Il pourrait, sans doute, revendiquer le rôle de Maître-de-la-Parole qui, selon la tradition africaine, se confond avec une fonction de maître de la connaissance, voire de maître de vie. Mais, dans un premier temps du moins, il préfère « deviser » avec ses proches (p. 136) et, ce faisant, servir d'intermédiaire entre des êtres, des lieux, des cultures. Ainsi s'établissent des ponts (p. 148) entre le présent et le passé, l'ici et l'ailleurs, au rythme même de la vie.

Dans ce cas le rôle du poète est celui d'un intercesseur, d'un médiateur, plus que d'un mémorialiste. Ainsi s'explique l'association proposée au dernier vers d'*Éthiopiques* entre « une complainte sans mémoire » et « les prétemps du monde » (p. 154) ; ainsi également se comprend le refus suggéré par le poète d'être un scribe dont, paradoxalement, l'encre est « sans mémoire » (p. 101) : sans doute le scribe (comprenons l'écrivain) risque-t-il de n'avoir que la mémoire des mots, des faits, mais non la mémoire dont Senghor veut se faire l'interprète : la mémoire des pulsations, du rythme de la vie, « sur les eaux sur les fleuves sur toute mémoire » (p. 101).

Le concept de rythme est pour lui fondamentalement associé à la parole et à la pensée. Il traduit l'une et l'autre mieux que les mots. Tel est le sens caché des présents qu'il fait au Beleup de Kaymor :

> Je te dis les présents les plus lourds, lois noires [...]
> Et les discours exacts rythmés dans les hautes assemblées circulaires [...]
> Je leur ai imprimé le rythme, je les ai nourris de la moelle du Maître-de-science-et-de-langue*. (p. 107)

Le « Message » ici transmis n'est pas seulement message politique par lequel on remplace les rituels de la tradition par le fonctionnement d'institutions démocratiques : Senghor veut aussi illustrer la place qui revient au langage rythmé (donc à la Poésie) comme accompagnement de toute vie et de toute pensée. C'est à une conclusion comparable qu'il parvient à la fin du « Kaya-Magan » : « je suis le mouvement du tam-tam, force de l'Afrique future » (p. 105).

Le rôle du Poète n'est donc pas seulement de créer, mais de transmettre. Il apportera son message en accompagnant la musique et le rythme du monde, et non - la nuance est importante- en s'accompagnant d'instruments de musique[1]. Comme il l'avait laissé entendre dans la belle « Prière aux masques » des *Chants d'ombre* (p. 23-24), il demande à la Poésie, comme d'autres à la Danse (voir « A New York ») ou à la Musique, le moyen de respirer « l'air de mes Pères » et de répondre « présents à la renaissance du Monde ». « Voix rythmée d'une voix juste » (p. 113), la Poésie n'est pas pour lui un moyen de faire concurrence à la Création : elle a pour but d'accompagner celle-ci et de la célébrer.

L'exultation de Chaka, confronté à sa mort prochaine, illustre la spécificité du poème en même temps que son rôle de simple instrument dans un concert universel qui dépasse le Poème et le Poète :

> Mais je ne suis pas le poème, mais je ne suis pas le tam-tam
> Je ne suis pas le rythme. Il me tient immobile, il sculpte tout mon corps comme une statue du Baoulé*.
> Non je ne suis pas le poème qui jaillit de la matrice sonore
> Non je ne fais pas le poème, je suis celui-qui-accompagne
> Je ne suis pas la mère, mais le père qui le tient dans ses bras et le caresse et tendrement lui parle (p. 128).

LE POÈTE NOURRICIER

Le poète ne serait-il donc qu'un intercesseur ? Mais que serait l'Afrique sans le Poète ? La réflexion, l'expérience de l'action et du déracinement ont montré à Senghor que sa mission, qui « n'est pas d'une lune* » (p. 136), est à la fois de révéler l'Afrique à elle-même et de l'aider à se révéler.

« J'ai voulu, confie-t-il à M. Aziza, être poète pour créer : pour [...] avoir, dans mes lecteurs, des amis qui, comme moi, avec moi, se réalisent en se fortifiant de nourritures spirituelles »[2]. « Comme moi », précise-t-il et, bien qu'il préfère la fonction d'ambassadeur - à l'écoute d'Autrui -

1. Nous reviendrons, au chapitre 16, sur le rôle des instruments de musique comme partenaires de ce concert qu'est la poésie senghorienne.

2. *La Poésie de l'Action*, Ed. Stock, 1980, p. 344.

à celle de « Maître-de-sciences-et-de-langue », il exprime souvent le sentiment qu'il a un enseignement, une « nourriture spirituelle » à apporter aux hommes. Le but du poème est de nourrir « les têtes laineuses de mon troupeau » (« Élégie des Circoncis », *Nocturnes*, p. 202) ; celui du poète est, à l'instar du Kaya-Magan, de nourrir de sa propre « sève » les « peuples patients » qui se rangent autour de lui :

> Vous ne vous nourrissez pas seulement de lait bis*, mais picorez la cervelle du Sage
> Maître de l'hiéroglyphe* dans sa tour de verre.
> Paissez faons de mon flanc sous ma récade* et mon croissant* de lune. (p. 105).

Au moment même où Chaka veut limiter son rôle à n'être que « celui-qui-accompagne », surgissent de façon presque contradictoire (mais la contradiction est inhérente à Senghor lui-même) des images d'ensemencement, de fécondation : « pirogue qui fend le fleuve », « main qui sème dans le ciel », « pied dans le ventre de la terre », « pilon* qui épouse la courbe mélodieuse » (p. 132).

La fonction maternelle du poète et du poème, sans être jamais pleinement explicitée sous-tend l'ensemble du livre, connotée par les nombreuses références au lait, d'une part, et à la fécondation, d'autre part. Par delà les mots, un jeu dialectique s'établit entre l'amour qui « nourrit le Poète [de son] lait noir » (p. 114) et le « poème qui est lourd de lait »[1] (p. 115).

C'est peut-être, au total, dans les derniers vers de l'« Élégie du Circoncis » (*Nocturnes*), que sont le mieux illustrées la diversité, les contradictions et les complémentarités du Poème senghorien :

> Le chant n'est pas que charme, il nourrit les têtes laineuses de mon troupeau.
> Le poème est oiseau-serpent, les noces de l'ombre et de la lumière à l'aube
> Il monte Phénix ! il chante les ailes déployées, sur le carnage des paroles. (p. 202)

---

1. Ainsi le « lait noir » associé aux « mangues de l'amour » (p. 117) ; la « douceur du lait de la mi-nuit » (p. 149), pour ne rien dire de tout ce qui évoque germination, printemps, montée de sève, etc.

Dépassant l'enchantement du verbe, les oppositions du monde réel, les nécessités du quotidien, se libérant des paroles désormais presque inutiles, éternellement renaissant comme le Phénix, le Poème s'associe au tam- tam qui « rythme [...] le battement de la sève sous le parfum des fruits mûrs » (p. 202). « A l'aube naîtra la Bonne Nouvelle » (p. 131) : « l'éternel un ciel sans nuage, une forêt bleue sans un cri, la voix toute seule mais juste » (p. 132), tandis que le poète entrevoit « là-bas le soleil au zénith sur tous les peuples de la terre » (p. 133). Ainsi, par le seul moyen de l'expression poétique, par son lyrisme tantôt personnel, presque intimiste, tantôt collectif, presque épique, Senghor s'élève jusqu'au but annoncé dans la « Postface » : « l'incantation qui fait accéder à la vérité des choses essentielles : les Forces du Cosmos » (p. 166).

9 Le poète et les mythes

Investi d'une fonction incantatoire et désireux d'accéder aux vérités essentielles, le Poète ne peut se contenter d'être un observateur du monde réel. Même si son expérience de la vie constitue une composante fondamentale de son discours poétique, celui-ci ne trouvera sa pleine signification que confronté à des mythes[1]. Ceux-ci, en effet, sont porteurs d'une pensée collective et leur enseignement cautionne, en quelque sorte, l'apport original du poète.

Le phénomène est particulièrement important chez Senghor : poète africain, il a été formé à l'écoute de la poésie orale qui, en Afrique, sous sa forme épique, a été, durant longtemps, le seul moyen de transmettre les récits des cosmogonies*, elles - mêmes destinées à un double usage : instruire l'homme africain sur les fondements de sa culture ancestrale et lui permettre de s'insérer à son tour dans une continuité séculaire.

Telle est bien la démarche de Senghor, dont toute l'œuvre poétique baigne dans une atmosphère mythique.

Tantôt on le voit recourir à un mythe reconnu pour exprimer son identité et cautionner sa propre pensée (« Le Kaya-Magan ») ; tantôt il adapte un mythe ou un récit mythique pour l'associer à une problématique personnelle ou contemporaine (« Chaka ») [2]; tantôt il retient un fait de civilisation qui lui semble significatif et en fait une sorte de mythe moderne (la danse). Tels sont les trois exemples que nous allons examiner dans les pages qui suivent, sans prétendre proposer ici un inventaire de tous les mythes cosmogoniques contenus dans *Éthiopiques*.

---

1. Mythe : récit imaginaire anonyme faisant partie de la tradition d'une communauté. Les mythes mettent en scène des personnages qui incarnent des forces de nature, des aspects de la condition humaine.

2. « Chaka » fait l'objet d'un chapitre à part (chap. 10).

LE MYTHE DU KAYA-MAGAN

Le personnage du Kaya Magan se situe à un carrefour du mythe et de l'histoire. Le mythe est celui du grand empire du Wagadou (plus tard empire du Mali*) : il aurait été fondé dès le début de l'ère chrétienne par un peuple, les Soninké, venus, selon la tradition, de Palestine et d'Égypte (d'où les allusions au croissant* de lune d'Isis) et alliés au grand serpent Bida, perçu comme animal totémique* (voir verset 9, les « écuelles cerclées du serpent »). L'histoire est celle de l'apogée de l'Empire, au moment où le roi, désigné par le titre de Kaya-Magan, « Roi de l'or », dispose de richesses fabuleuses et d'un pouvoir absolu sur « les blancs du Septentrion » comme sur « les nègres du Midi ».

Le héros de Senghor

Le héros de Senghor ne peut être considéré comme un personnage individualisé. Il est plutôt le symbole et l'illustration d'un empire idéal[1] qui s'est étendu sur une bonne partie de l'Afrique de l'Ouest et qui a influencé par sa structure et par son mirage les royaumes qui lui ont succédé (parmi lesquels le royaume sérère de Siné*, cher à Senghor, bien postérieur à l'époque du Kaya Magan et dont pourtant les « Guélowars* » sont mentionnés au nombre des sujets du roi). Jouant avec l'Histoire et avec les siècles, le poète s'attache surtout à établir une filiation symbolique entre un roi « personne première » (vers 1) et ses peuples : le roi affirme fortement sa domination et la justifie implicitement par le lien presque mystique qui est établi entre la terre et le souverain : aussi est-il, maternellement, nourricier de son peuple (« Mangez et dormez enfants de ma sève [...] Vous respirez par mes narines* »).

---

1. Il faut lire, à ce propos, le VIII de « Que m'accompagnent kôras et balafongs » (*Chants d'ombre*, p. 34-36). Senghor y décrit le cortège de « sept mille nègres nouveaux [...] qui portent les richesses de ma race », cortège comparable à celui de l'Empereur Gongo-Moussa, lointain successeur du Kaya Magan, en route vers l'Égypte présentée, plus nettement encore que dans « Le Kaya-Magan », comme source et image de référence de la grandeur africaine.

Mais le rôle nourricier du roi ne se limite pas à convier ses sujets à un festin ni à concilier en sa seule personne les antagonismes du monde, - jour et nuit, soleil et lune, gouvernants et gouvernés, peuples du nord et peuples du sud-; il met aussi à la disposition de ses sujets la connaissance qu'il détient.

Le Sage

Ce Sage pourrait, à la manière des Pharaons antiques, s'enfermer dans les mystères indéchiffrables des hiéroglyphes*. Bien au contraire, il choisit de se présenter à ses sujets dans la transparence de « sa tour de verre ». À partir de ce moment l'exploitation senghorienne du mythe devient évidente : au héros mythique, de façon anachronique (les « fusils » en témoignent), Senghor juxtapose le personnage qu'il voudrait être et l'homme qu'il est réellement. Le Buffle se rit du Lion, l'Africain revendique le droit à la parole dans un empire qui n'est plus celui du Kaya-Magan. Le poète, qui se sent promis à une carrière politique, se retrouve au côté de l'homme noir, privé du pouvoir par César (symbole de la colonisation) et étranger à la division cartésienne entre raison et instinct. D'autres voies s'ouvrent à lui, sur lesquelles il entend fonder son propre empire : l'Amour (pour l'Étrangère, et ici l'allusion à la vie privée de Senghor est évidente) et le rythme du tam-tam, témoignage de la tradition et « force de l'Afrique future ».

Du mythe du Kaya-Magan, Senghor ne veut retenir que le lien entre la grandeur passée et future de l'Afrique.

Fondée jadis, à l'entendre, sur la générosité du prince-nourricier envers tous les peuples, elle se renouvellera par les mêmes moyens, adaptés aux temps modernes : refus de la force brutale, amour de l'Autre jusque dans sa différence, affirmation de l'identité africaine dans le respect de la tradition.

Ce qui était un mythe des origines est élargi, par la volonté du poète, à l'humanité entière. Aussi ne s'étonne-t-on pas de trouver un caractère presque chrétien au don de soi du héros africain. Parallèlement, dans d'autres poèmes d'*Éthiopiques* (en particulier dans « l'Absente ») on relèvera des allusions à ce passé mythique, à l'Éthiopienne, à la reine de Saba, aux « voix lointaines et proches » (p. 153), toutes annonciatrices de la « Très Bonne Nouvelle » (p. 113), cette attente du poète.

« LES HOMMES DE LA DANSE »

Cette expression empruntée à la « Prière aux masques » (p. 24) rend compte de la façon dont Senghor arrive à donner le pouvoir d'un mythe à ce qui est un simple fait de civilisation. L'importance de la danse comme mode d'expression de l'homme africain est un fait connu. Lorsque Senghor veut faire entendre à la Princesse la force de son désir, ne s'écrie-t-il pas : « Je danserai devant toi la danse de la tornade » (p. 139) ?

Mais la danse est aussi perçue par lui, au même titre que le tam-tam ou le chant, comme accompagnement d'actes essentiels, comme mode de communication irremplaçable et comme moyen d'accès aux réalités initiatiques. C'est ainsi que « l'Homme terrasse la Bête [...] dans une danse rutilant dansée sous l'arc-en-ciel des sept voyelles » (p. 100). C'est ainsi, également, que, associant l'homme au cycle saisonnier, les jambes reverdissent « pour la danse de la moisson » (p. 113). Associée à la musique, la danse permet, à Harlem*, d'oublier le monde sans âme de New York et de voir ce qui échappe au profane :

> [...] voici ce que j'ai vu à Harlem Harlem ! Une brise verte de blés sourdre des pavés labourés par les pieds nus de danseurs Dans*
> Croupes ondes de soie et seins de fers de lance, ballets de nénuphars et de masques fabuleux (p. 116-117)

Il suffira que le sang noir « dérouille tes articulations, comme une huile de vie », pour que soit retrouvée l'unité perdue, « l'idée liée à l'acte l'oreille au cœur le signe au sens ». (p. 117)

Mais c'est surtout dans le poème « Princesse ton épître... » des « Épîtres à la Princesse » que se trouve illustré le rôle de la danse comme « huile de vie ». Elle est moyen de communication avec l'Autre : Lilanga* « danse elle vit [...] Et pourquoi vivre si l'on ne danse l'Autre ? »

La danse représente un rituel tellurique. Elle établit une

relation sensuelle et sexuelle à la terre et métamorphose le corps du danseur en une profusion animale ou végétale :

> Lilanga *, ses pieds sont deux reptiles, des mains qui massent des pilons qui battent des mâles qui labourent
> Et de la terre sourd le rythme, sève et sueur, une onde odeur de sol mouillé
> Qui trémule* les jambes de statue, les cuisses ouvertes au secret
> Déferle la croupe, creuse les reins tend ventre gorges et collines (p. 144)

Danse d'envoûtement qui a valeur d'introduction et d'adhésion au cosmos : « Retiens ce message Princesse, nous serons le Ciel et la Terre » (p. 144)

« Le Kaya -Magan » et la danse montrent combien les mythes, traditionnels ou non, trouvent leur place dans l'imaginaire senghorien, comme autant de composantes de cosmogonies* inhérentes à l'univers mythique des Africains. Le cas est encore plus net lorsqu'on voit comment Senghor hisse Chaka à la hauteur d'un mythe et lui donne une signification personnelle.

10 Senghor et le mythe de Chaka

L'histoire de Chaka[1] n'est pas, à proprement parler, un mythe traditionnel, puisque le personnage appartient à une histoire relativement proche. La lecture qu'en donne Senghor s'appuie, quoique de façon allusive, sur les données de l'histoire telles qu'elles ont été rapportées par Mofolo. Mais de la carrière du héros zoulou*, il retient surtout une cruauté qui a, apparemment, amené Chaka à faire taire en lui tout sentiment humain, pour assurer le triomphe d'une cause qu'il estimait juste.

LE CHOIX DE SENGHOR

On a pu s'étonner de voir, au lendemain d'un conflit mondial qui avait connu tant de massacres d'innocents, Senghor, apôtre de la paix, de l'Amour et du respect de l'Autre, du dialogue des cultures et du refus de la violence, s'attacher à comprendre, à défendre, et même, en fin de compte, à réhabiliter un « boucher » (p. 120) sanguinaire.

Le choix qu'il a fait de Chaka tient au rôle que ce dernier a effectivement joué au XIXe siècle dans le cadre de l'Afrique australe : il a organisé tout un empire qu'il a dirigé d'une main de fer ; il a imposé à ses sujets une rigoureuse organisation militaire et s'est attaché à mettre fin à tous les antagonismes - querelles de personnes ou rivalités tribales- qui sont la plaie du continent africain ; il a gouverné en chef d'état responsable et non en chef de clan, même si ce choix lui imposait de douloureux sacrifices tels que « le sang de l'être le plus cher » (p. 123).

Au moment où, au milieu du XXe siècle, la décolonisation étant déjà prévisible, les Africains s'interrogeaient sur l'avenir de leur continent, l'histoire de Chaka sembla

1. Voir à ce sujet la présentation du poème, p. 24-26.

exemplaire à nombre d'entre eux. Aussi inspira-t-elle plusieurs écrivains africains. Le succès momentané de l'entreprise de Chaka avait apporté la preuve que l'Afrique était capable, dans certaines conditions de s'organiser et de retrouver un prestige depuis longtemps perdu. En ce sens Chaka doit être rapproché du Kaya- Magan : l'un et l'autre illustrent cette « Afrique des empires » dont Senghor déplorait la mort, dans la « Prière aux masques » (p. 23).

CHAKA ET L'HISTOIRE

Homme politique informé du passé de l'Afrique et attentif à son avenir, Senghor se sert de Chaka, personnage emblématique dont il fait un véritable mythe, pour répondre aux questions qu'il se pose en tant qu'Africain et en tant qu'homme.

C'est bien du continent africain que témoigne Chaka, en dehors de son espace « zoulou » et de son temps historique. Les références au Kilimandjaro*, au Vent d'Est*, au Zambèze* (p. 121) sont significatives, de même que les allusions historiques à la colonisation, bien postérieure à Chaka (p. 122, 125), ou à l'exploitation de la main d'œuvre noire en Afrique du Sud (p. 124). De ce fait l'interprétation du personnage de Chaka est ambiguë : c'est le personnage historique qui a dû lutter contre ses propres frères, combattre l'inefficacité de ses sujets, « basse-cour cacardante » '(p. 120). Mais ce n'est pas Chaka, c'est l'homme du XXe siècle qui a été, naïvement, la dupe de la science et des ruses de l'homme blanc (p. 122, 125) et le témoin des souffrances infligées par la colonisation, par l'exploitation de l'homme et du continent. Senghor fonde le comportement de Chaka sur la juxtaposition de deux moments de l'Histoire : le chef du XIXe siècle a eu effectivement un projet politique (il voulait répandre « cendres pour les semailles d'hivernage* » (p. 120) et « préparer les moissons à venir », p. 124), mais c'est un homme du XXe siècle qui a fait le constat d'une situation intolérable (« Pouvais-je rester sourd à tant de souffrances bafouées ? », p. 124).

Le problème posé par le comportement de Chaka admet donc deux réponses : on peut voir en lui un dictateur avide de pouvoir et prêt, pour l'établir, à tous les sacrifices, y compris celui du « sang de l'être le plus cher » p. 123) ; on peut aussi le considérer comme un homme en révolte contre l'oppression (p. 124), désireux de « fraternité » autant que d'« égalité » (p. 125).

CHAKA ET SENGHOR

Autorité ? Fraternité ? Le problème posé par Senghor devient un problème d'ordre moral : c'est, au total, celui que pose l'exercice du pouvoir. Exercice solitaire (« j'ai longtemps parlé dans la solitude des palabres* », confie le personnage de Chaka, p. 129) que Senghor connaît déjà lorsqu'il écrit « Chaka ». Par ce biais, le mythe du héros zoulou devient le mythe personnel de Senghor et la justification qu'il propose de Chaka est l'illustration d'un débat intime du poète :

> Je devins une tête un bras sans tremblement, ni guerrier ni boucher
> Un politique tu l'as dit - je tuai le poète- un homme d'action seul
> Un homme seul et déjà mort avant les autres, comme ceux que tu plains.
> Qui saura ma passion ? (p. 122)

Au cours du débat qui se poursuit entre Chaka, la voix blanche des Européens et le devin, c'est le débat entre Senghor et lui-même qui s'exprime. Il est significatif que, à la manière des peintres de la Renaissance qui aimaient à se représenter dans un coin du tableau, Senghor se dévoile sans ambiguïté dès la première parole de Chaka mourant. C'est bien l'auteur d'*Éthiopiques* et non le chef zoulou qui parle : « Lion d'Éthiopie tête debout, / Me voilà rendu à la terre. Qu'il est radieux le Royaume d'enfance ! » (p. 118)

Simultanément ou successivement il révèle ses difficultés d'homme politique, d'amant, de poète.

L'amour et l'action

Le problème est d'abord pour Chaka le problème moral des rapports entre le cœur et l'action. Chaka se dit prêt,

« pour l'amour de [son] Peuple noir »[1], à sacrifier sa vie personnelle et l'amour de Nolivé : il ne veut se permettre ni le doute ni la « faiblesse des entrailles » (p. 121). Senghor plongé, lui aussi, « dans les abîmes de [sa] Négritude » (p. 121) est, de même, écartelé entre l'amour et l'action, au point que dans son imagination la destinée de Chaka lui apparaît comme une illustration et une compensation de la sienne propre.

La mort de Nolivé correspond dans la vie de Senghor à l'inévitable éloignement de l'épouse qui est bien pour lui une « Négresse blonde »[2] (p. 121). Le cheminement de « Chaka » est comparable à celui des « Épîtres à la Princesse » : pour Senghor, après les années de tourment, d'attente, de pulsions sexuelles survient la mort symbolique de la Princesse ; elle est aussitôt suivie de la certitude d'une renaissance par delà la mort terrestre : « Tu fleuriras au jardin de mon cœur » (p. 146). Chaka, de son côté, errant comme une cavale « rongée d'un mal sans nom » (p. 121), n'a cessé de penser avec un sentiment de culpabilité au corps de Nolivé (p. 121), jusqu'au moment où, par delà leurs morts respectives, il va accéder à une « re-naissance ». Libéré de l'angoisse, Chaka peut, parce qu'il est le héros d'un mythe, savourer la volupté du « corps transparent comme au matin du jour premier » (p. 131) et retrouver l'image lumineuse de ce « Royaume d'enfance » à jamais interdit au poète dans la réalité quotidienne. Le mythe de Chaka joue pleinement, pour Senghor, son rôle de réconfort et de compensation.

Chaka, le poète

Aussi est-il normal, Senghor transférant ses problèmes sur Chaka, qu'il parle de lui comme du « poète du Royaume d'enfance » (p. 130) et que « mort le politique [...] vive le Poète » (p. 130). Tout ce que Senghor attendait de la poésie, de l'Afrique et de ses traditions, tout ce que

1. On reconnaît là un thème obsédant chez Senghor, en particulier dans les « Épîtres à la Princesse » (p. ex. p 135, 141).

2. Est-il nécessaire, pour se convaincre que c'est Senghor qui parle, de rappeler que « la négresse blonde » ne saurait être la Nolivé réelle, qui ne peut être que brune ?

lui laissait espérer l'Absente, autre image mythique, est-donné à Chaka au terme de sa trajectoire terrestre : la Bonne Nouvelle d'une Afrique puissante (p. 131), « le soleil du monde nouveau » (p. 132), l'éclat du soleil « sur tous les peuples de la terre » (p. 133). Le héros dépasse le mythe initial, avec le sanguinaire personnage de Mofolo : au sortir de son « purgatoire » (p. 129) il est le Poète tel que Senghor l'imagine, « celui-qui-accompagne » (p. 132), celui qui adhère au rythme, celui dont la « passion » (p. 118) débouche sur une « lutte harmonieuse » (p. 132). Peut-être même se confond-il avec une lointaine image du Christ, comme le suggèrent, entre autres, les termes de « passion » et de « purgatoire ». C'est là un aspect du personnage que nous verrons plus loin dans le chapitre 15 sur « Senghor au carrefour des cultures ».

11 Un poète de la dualité

Le monde qui s'offre au poète est peu favorable à son désir d'harmonie et d'« unité retrouvée » (p. 117). L'itinéraire de Senghor consiste à passer de la dualité partout observée à une unité idéalement poursuivie. L'origine de ce déchirement lui est personnelle : Senghor est, en effet, doublement déchiré : comme catholique dans un pays fortement islamisé, et par son attachement à sa culture originelle et à la culture occidentale acquise. Il a, de ce fait, pris conscience très tôt de ses propres contradictions et des contradictions du monde. « C'est à cause de mes contradictions que j'ai voulu aller à l'Universel », nous a-t-il confié un jour. Il ne parviendra à ce but qu'en recensant, l'une après l'autre, les diverses manières d'être-au-monde, afin de les concilier.

S'il est vrai que la récade* est souvent bicéphale, celle de Senghor – ses poèmes –, l'est plus que toute autre : « gueule du Lion et sourire du Sage » (p. 107) symbolisent, en effet, les deux attitudes fondamentales du poète, son respect de la tradition et son désir de bâtir un homme nouveau. L'œuvre, dans la plupart de ses composantes, est marquée par le sentiment et l'expression d'une dualité dont nous allons donner quelques exemples.

DUALITÉ PASSÉ/FUTUR

langue essentielle/langue instrumentale

La découverte tardive, par Senghor, du français et du wolof, que nous avons rappelée dans la présentation biographique, explique l'opposition entre les deux langues. D'un côté, langue essentielle, la langue « de ma mère » (p. 138), celle des « maîtres-de-la parole » qui par un seul « mot explosif » (p. 109) et par la vertu de la nomination* permet d'accéder à l'essence des choses ; de l'autre, langue instrumentale, la langue française, riche de ses archaïsmes, de ses racines gréco-latines, de ses connotations culturelles, qui permet de traduire « le signe » et le « sens » (p. 117).

Souvenir / devenir

Senghor est un poète du souvenir : « la poésie, c'est souvent [...] l'expression du monde imaginaire du Royaume d'Enfance » (*Liberté III*, p. 263).

Souvenirs personnels ou souvenirs ancestraux des « malheurs de [sa] race » (p. 138) ne cessent de le hanter. Mais le recours au souvenir n'est pas pour lui un moyen privilégié d'échapper au présent ; il ne s'associe pas à une nostalgie complaisante. Bien au contraire, il s'accompagne d'une attention au futur que Senghor, homme d'action, ne perd jamais de vue. L'évocation du passé débouche souvent sur la certitude d'un devenir dans lequel le passé lui-même se réinsère comme une promesse et non comme un vécu :

> Je ne sais en quels temps c'était, je confonds toujours l'enfance et l'Éden
> Comme je mêle la Mort et la Vie- un pont de douceur les relie (p. 148).

En ce sens Senghor traduit la conception cyclique du Temps, propre à la philosophie africaine, pour laquelle toute vie est promesse de mort, elle-même promesse de renaissance[1].

Tradition / promesse

Le couple souvenir/devenir dépasse souvent, en effet, les dimensions de l'individu et s'élargit aux dimensions du passé de l'Afrique et de la Bonne Nouvelle d'un monde meilleur. Le passé africain est une référence constante, expression d'une tradition qui n'est jamais remise en question. Tradition des figures emblématiques, mais aussi des rites religieux ou sociaux (au nombre desquels Senghor

---

1. On peut lire ainsi tout le chant II de « Chaka ». Voir aussi : « J'étais moi-même le grand-père de mon grand-père / J'étais son âme et son ascendance » (p. 32).

range ses obligations d'homme politique, sans jamais les récuser même s'il en souffre dans sa vie privée).

L'œuvre de Senghor pourrait n'être qu'un chant à la gloire d'un monde ancien, en train de disparaître sous les coups de l'Histoire. Il n'en est rien car cette Afrique légendaire, leçon d'hier, est la promesse de demain :

> [...]la pirogue renaîtra par les nénuphars de l'écume
> Surnagera la douceur des bambous au matin transparent du monde. (p. 103)

Éternel / éphémère

Deux manières de s'insérer dans la durée s'offrent au poète, l'une se fondant sur le désir d'éternité, l'autre sur le flux de l'éphémère. L'Afrique traditionnelle, riche de son immobilité séculaire, est une introduction à l'Éternel, « complainte sans mémoire », « prétemps* du monde » (p. 154). Elle n'impose pas, pour autant, l'ignorance du présent fugitif, même s'il doit être douloureux.

Le besoin de vivre au jour le jour est tout aussi fort que le désir d'éternité. « Nous avons choisi de vivre » rappelle Senghor à la Princesse (p. 143) et l'évocation des grandes Ères de l'Histoire (p. 142) est peu de chose auprès « des murmures de Mai à Montsouris, de la splendeur des Tuileries à la fin de l'Été » (p. 143).

Sacré / profane

Même si, dans *Éthiopiques*, l'évocation des cérémonies initiatiques ancestrales, les salutations aux Masques et aux Ancêtres sont moins fréquentes que dans les autres livres, le sens du sacré n'est pas confiné à quelques actes de pratique religieuse évoqués de façon allusive. Le sacré imprègne chaque instant de la vie quotidienne, associe les vivants à la vie des morts (p. 149, p. 152), il instaure un dialogue entre l'homme et les mystères de la nature (p. 103) ou rend Dieu présent (p. 152 et 153).

La poésie de Senghor n'est pas pour autant indifférente aux aspects profanes de l'existence : poète de son temps, il reste à l'écoute des échos de l'histoire contemporaine. Mais sa poésie est également attentive au quotidien immédiat qui agit sur l'état d'âme du poète : le cheminement de Senghor se comprendrait malaisément si l'on ne voulait en retenir que les interprétations mythiques du monde. L'attente d'une lettre (p. 136), la conversation sous la tente (p. 137), le souvenir d'un sourire et d'une voix juvénile (p. 154), le regard timide sur les « grandes filles aux jambes d'or » (p. 115), etc. sont des éléments du vécu quotidien où se mêlent le passé et le futur qui jouent un rôle déterminant dans l'univers senghorien.

Dans ce domaine du profane, il est évident que l'on doit réserver une place particulière aux nombreux aveux du poète sur ses élans sexuels (« surrexion de la sève », p. 112 ; « l'impatience me presse », p. 139), ainsi qu'aux complaisantes descriptions de corps féminins, généralement associées à l'idée de fécondité, qui le projette dans le futur. On songera à la déesse Congo (p. 101), à Nolivé (p. 121 et 131) ou à la Princesse (p. 137, 139, 140). Ce goût de Senghor pour le corps est d'ailleurs un des fondements de sa sagesse, telle qu'il l'évoque à la fin du « Kaya-Magan » : « Mon empire est celui d'Amour, et j'ai faiblesse pour toi femme » (p. 105). À la différence des Occidentaux, détruits « sous l'aigre érosion de la raison » (p. 112), il estime que la pensée, représentée ici par « la tête », doit, pour être féconde, prendre « racine dans la poitrine, et bien plus bas jusqu'à la racine du ventre » (p. 114).

DUALITÉ L'UN/L'AUTRE

Ces oppositions, plus ou moins associées à la perception senghorienne du monde s'imposent jusque dans le regard du poète. Elles nous amènent à retrouver, dans ses rapports à autrui et dans la structure du monde réel, le reflet de permanentes contradictions.

Soi/l'autre

Chaka évoque poétiquement la difficulté de tout rapport à autrui, de « cette angoisse de la gorge, lorsqu'on est nus l'un devant l'autre/Et soudain éblouis et soudain foudroyés par les yeux de l'Amant » (p. 131). L'affirmation de soi est constante dans son œuvre, traduite par l'alternance « je/tu », dans laquelle le « je » n'est pas seulement information fonctionnelle sur le sujet parlant, sur ses activités ou ses sentiments. Il contribue souvent à introduire une définition de soi. Ainsi le Kaya-Magan : « Kaya-Magan je suis ! la personne première » (p. 103).

La volonté de se situer par rapport à autrui, de « vivre [...]dans l'Autre, au fil de l'Autre » (p. 144) est puissante ; elle suscite le désir, chez l'Amant de la Princesse, de parler sans cesse de soi. Mais l'Autre ne se laisse pas aisément réduire au rôle de confident idéal dont rêve le poète. L'Autre s'impose dans sa différence : femme aliénante comme Nolivé ou la Princesse (p. 141), trop lucide (p. 140) ou insondable (p. 137) ; ou encore femme insaisissable comme dans la plupart des « Autres Chants... » (p. 147 et suiv.).

Seuls les humbles compagnons d'étape, « mon plus-que-frère » (p. 136), les « hôtes héréditaires » (p. 141), et surtout le Peuple noir, « mon Peuple », dont il parle comme d'une personne physique, permettent à Senghor de se libérer du problème de l'altérité. Les nombreuses références à ce peuple ne doivent pourtant pas être interprétées comme des témoignages d'auto-satisfaction ou de suffisance de l'homme politique ; elles rappellent l'importance que revêt pour lui cette relation privilégiée avec ses semblables que, étant nègre et homme, il ne peut établir avec les Blancs et avec les femmes.

Dualité des sentiments et des comportements

A la dualité qui oppose les êtres correspond une dualité des comportements et des sentiments. Le sourire vient souvent nuancer la tristesse (p. 154) ; le souvenir attendrissant répond à la vision d'apocalypse (p. 142-143) ; l'humilité, voire l'humour, fait écho à la colère et à l'absence (« je calme d'une main d'ambre le grand piaffant de ma poitrine », p. 150)

L'élan le plus impétueux peut être tempéré par une réflexion distanciée, proche de l'ironie : « Il me faut refroidir hâ ! ce sang de poulain » (p. 139). De même l'exaltation lyrique dans « A New York » débouche sur l'image presque burlesque du Dieu noir qui s'endort « du grand sommeil nègre » (p. 117). On peut également mettre au compte d'une auto-dérision, les passages où Senghor, sans pour autant railler son peuple noir, se met en scène comme une sorte de chef traditionnel : « monté sur un quadrige de pirogues et coiffé de la mitre double, ambassadeur de la Nuit et du Lion-levant », ou bien s'imagine, dans un cadre manifestement occidental - « gel », « sifflets des rapides » - réveillant les concubines à la manière d'un patriarche sénégalais (p. 111).

Dans tous les cas la ferveur ou la colère, la passion ou la haine, les grands mouvements du lyrisme demeurent sous-jacents ; ils sont inséparables d'une perception réaliste du monde. Associés à des passages narratifs ils s'alourdissent au contact du réel, en même temps que la réalité observée s'orne de diamants poétiques. Ce procédé caractérise l'écriture de Senghor et l'ambiguïté des regards qu'il porte sur le monde.

Cette perception dualiste se retrouve également dans le comportement de Senghor face au monde dans lequel il vit. Pour lui « les choses sont sans épaisseur ni poids » (p. 153) - donc aptes à se confondre-, chacune appelant son contraire dans l'imagination du poète. L'alternance jour / nuit, Europe / Afrique, passé / présent, constitue comme la trame d'*Éthiopiques* : dans tous les cas le but du poète est de dépasser cette dualité et de parvenir à la réconciliation des contraires. Senghor souhaite « vivre l'Été sans jour et sans nuit, mais un long jour sans hiatus ni césure » (p. 140) ; il aspire à franchir « le pont de douceur qui [...] relie [la Mort et la Vie] » (p. 149). A titre d'exemples de cette perception dualiste du monde, nous nous arrêterons sur deux couples thématiques concrets de l'imaginaire senghorien : le sec / l'humide et le dur / le mou.

Le sec / l'humide

La représentation du désert est relativement rare dans une poésie où abondent les régions désertiques ; elle sous-tend pourtant l'imaginaire de Senghor. Qu'est donc le désert sinon une immensité sans vie comme celle de New York « sans un puits ni pâturage, tous les oiseaux en l'air / Tombant soudain et morts sous les hautes cendres des terrasses » (p. 115) ? « Brûlant toutes choses impures » (p. 135), le désert donne l'image d'un dépouillement total :

> [...]pas un mot tendre et pas un bourgeon à sourire.
> Rien que l'aigreur de l'Harmattan*, comme les dents du trigonocéphale*
> Au mieux rien qu'un soulèvement de sables, rien qu'un tourbillon de pruine* et de pailles et de balles et d'ailes et d'élytres*
> Des choses mortes sous l'aigre érosion de la raison.
> Rien que le Vent d'Est* dans nos gorges plus que citernes au désert
> Vides. (p. 112)

Le désert est aussi le pays de l'Esprit, où les choses sont ramenées à leur essence :

> La feuille et la lèvre y sont graves, la fleur absente, la narine et l'épine aiguës.
> Le Vent d'Est y mord toute chair, brûlant toutes choses impures. (p. 135)

Mais le désert est surtout une image symbolique de la destinée humaine, un lieu de passage que l'homme se doit de franchir en triomphant des épreuves - scorpions des sables, « embûches des puissants », « lêlés* et yêlas* » des vierges tentatrices (p.108-109)- pour dépasser les apparences et restituer les hommes « à leur noblesse, les choses à leur vérité » (p. 109). Au terme de « la marche solennelle de mes peuples patients [...] dans les sables de l'Histoire » (p. 104), la vie reprendra ses droits. Le temps de la Bonne Nouvelle viendra avec l'hivernage*. Alors viendront l'Étrangère « aux yeux de clairière » (p. 105), l'Éthiopienne* « vêtue de vert et de nuage » (p. 113), redécouvrant au sortir des terres désertes les rives fécondes du Nil.

Au monde de la sécheresse s'oppose en effet celui des eaux fécondantes. Senghor éprouve face à l'eau comme face au désert une sorte de frisson sacré. Comme le désert, l'eau pourrait n'être destinée qu'à détruire la pirogue du destin (p. 103), mais elle est porteuse de vie, comme la déesse Congo « mère de toutes choses » (p. 101). C'est ce que méconnaît New York, qui réduit les eaux obscures à charrier « tels des fleuves en crue des cadavres d'enfants »[1] (p. 116).

Fréquemment associé à la Femme, l'élément liquide (et son environnement végétal de nénuphars, palétuviers,

---

1. Allusion peut-être à des pratiques de toilette anticonceptionnelle ?

roseaux, etc.) permet à l'homme de passer de « la boue féconde » (p. 99) à la « fuite de la pirogue sur l'élan lisse de ton ventre » (p. 102). Il peut se trouver « heureux parmi les rivières et les polders* paisibles » (p. 134), connaître une furieuse étreinte érotique avec la femme-fleuve (p. 101) ou bien une étreinte plus harmonieusement rythmée (mais toujours placée sous le signe de l'eau) avec la Femme aimée : « Princesse nos épaules roulent sous les vagues [...] Nos lianes nagent dans l'onde, nos mains s'ouvrent nénuphars » (p. 144).

Dans tous les cas une nouvelle naissance, « par les nénuphars de l'écume » est au bout du rituel de l'eau (p. 103), comme elle est au bout de la traversée symbolique du désert (p. 109). Également révélateurs, le désert et l'eau se différencient par la nature de leur révélation : l'honneur et l'esprit pour le premier, la sensualité et le bonheur pour l'autre.

Le dur/le mou

Si l'on s'en tient aux options esthétiques et morales, le dur est positif, le mou négatif. Durs sont le masque, le minéral, le sexe. Dans les trois cas, le résultat obtenu est identique.

Chez Chaka, le masque (ici la « statue du Baoulé ») permet à l'homme de se dépasser et d'accéder à sa vérité : le rythme, dit-il, « me tient immobile, il sculpte tout mon corps comme une statue du Baoulé » (p. 128). Le minéral est doté d'un pouvoir comparable : ce n'est pas par galanterie que la femme est associée au rubis et au diamant (p. 131), sa beauté à l'orfèvrerie et au cristal (p. 139), de même que sa voix (p. 135), mais bien parce ce que le diamant « naît des cendres de la Mort » : le minéral est image de l'éternité. Le sexe masculin, enfin, avec ses métaphores - pilon, éperon[1]- est signe de force « sur la crête de l'exultation » (p. 102-103).

Le mou, en revanche, est plus une manière d'être qu'une réalité substantielle ; il s'exprime surtout par des

1. Les métaphores sont d'une grande diversité et d'un grand réalisme dans toute l'œuvre : soc, épée, pieu « étalon noir en rut », « antenne au centre du multiple », « locomotive au piston bien huilé », etc.

qualificatifs (« haines visqueuses », « sol spongieux », p. 102) ; il est souvent évoqué par la terre qui s'ouvre au labour ou par le fruit succulent. Il pourrait donc être considéré comme faiblesse, image de la femme offerte à la force virile, aussi faible devant la force virile que le sont les « forces imbéciles » (p. 101) au moment où « l'Homme enfonce son épieu de foudre dans les entrailles de lune dorées très tard » (p. 100).

En fait l'un et l'autre sont complémentaires, à la fois positif et négatif : Senghor ne tarde pas à découvrir que le cristal est stérile ; le monde de métal, de givre, d'acier, de pierres qu'il découvre à New York ne peut le satisfaire longtemps.

La vérité de Senghor est dans « les éléments amphibies rayonnants comme des soleils » (p. 116), soit, en d'autres termes, dans tout ce qui peut permettre à une relation de différence d'aboutir à une relation de complémentarité.

Dans le tourbillon surréaliste d'Harlem, les oppositions sec/humide, dur/mou sont dépassées, les différentes composantes de l'imaginaire du poète s'entremêlent et se complètent - « ondes de soie et seins de fers de lance, ballets de nénuphars et de masques fabuleux, [...] les mangues de l'amour [...], des ruisseaux de rhum blanc, des ruisseaux de lait noir » (p. 117).

C'est après avoir résolu les antagonismes d'un monde d'abord placé sous le signe de la dualité[1] que l'homme reviendra aux temps anciens, retrouvera l'unité, réconciliera le Lion, le Taureau et l'Arbre (on notera la diversité dans l'expression de l'idée de retour : « revenir », « retrouvée », « réconciliation », p. 117). Il lui suffira de regarder et d'écouter pour accéder à la connaissance de l'unité du monde (intuitive et non logique) à laquelle aspire Senghor.

L'IMAGE DE LA NEIGE : LA DUALITÉ SURMONTÉE

Le phénomène même de la neige est impensable pour un Africain. Et pourtant la neige existe, associant deux

1. Le poète « dérouille [les] articulations d'acier, comme huile de vie », dote les ponts de « la courbe des croupes et la souplesse des lianes ».

composantes de l'imaginaire qui semblent inconciliables, le solide et le liquide ? Cristallisation de l'eau, « élément amphibie » (p. 116), elle est tout aussi fascinante pour l'esprit que la liquidité du mercure. Il est significatif que Senghor utilise l'image de la neige dans « Chaka », pour traduire la dualité ambiguë de Nolivé. À propos des cuisses de celles-ci, la « neige du Kilimandjaro* » est associée à la loutre, animal aquatique (comme, selon un procédé identique, à propos de ses seins, le paysage aquatique des rizières est associé aux « collines d'acacias », desséchées par l'Harmattan*).

Dans « À New York », le vers « J'ai vu le ciel neiger au soir des fleurs de coton et des ailes de séraphins et des « panaches de sorciers » (p. 117) illustre le dépassement des dualités que propose, nous l'avons vu, la fête de la Nuit à Harlem : association du blanc et du noir (blancheur de la neige dans la nuit) ; de l'Afrique, qui produit des « fleurs de coton » et de la grande ville américaine ; des deux attitudes religieuses du poète (« ailes de séraphins », pour le chrétien, « panaches de sorciers » pour le Sérère*).

La neige est, dans les « Épîtres à la Princesse », l'image même du dialogue qui s'établit entre deux êtres, deux pays, deux cultures différents et leur permet de découvrir leur unité :

> Mon désir est de mieux apprendre ton pays de t'apprendre. [...]
> Et cet hiver que tu me rends présent, mais dont tu me défends comme une fourrure précieuse
> M'en nommant le signe et le sens, la neige qui flamboie de mille feux
> Brûlant le poids du corps, faisant l'esprit aigu le cœur candide.
> Et mon pays de sel et ton pays de neige chantent à l'unisson.
> (p. 137-138)

Le feu de la neige rappelle le « feu sans poussière » qui brûle dans le cœur du Poète (p. 115). Dépassant la pesanteur du réel (« brûlant le poids du corps »), la neige permet d'associer la candeur de l'affectivité, fondement de tout rapport immédiat entre les êtres et la pénétration de l'intelligence, qui dépasse les apparences ; elle permet d'accéder à la fois au signe et au sens[1]. Sa nature « amphibie » est

1. Voir « A New York », « L'idée liée à l'acte l'oreille au cœur le signe au sens » (p. 117) et surtout dans la « Postface : « Il suffit de nommer la chose pour qu'apparaisse le sens sous le signe. Car tout est signe et sens en même temps pour les Négro-Africains » (p. 159).

perçue par Senghor comme la confirmation que les dualités peuvent être dépassées, qu'il existe une unité entre le « pays de sel » et le « pays de neige », et, par delà le couple et les continents, entre la vie et la mort. La dernière image qu'il donne de la neige est pleine de sérénité. C'est celle du « sapin qui reste vert sous la mort blanche » (p. 138) [1].

1. On notera, à propos de la neige, une évolution manifeste de Senghor. A ses débuts, en effet, il se résignait douloureusement à cette blancheur brûlante (« j'ai accepté votre froid blanc qui brûle plus que le sel », p. 22), en attendant le jour où il pourrait vivre fraternellement auprès de ses « frères aux mains blanches sans neige » (p. 22).

12 Les thèmes poétiques : la femme

La Femme est-elle, pour Senghor, un objet érotique ? « Mon empire est celui d'Amour et j'ai faiblesse pour toi femme » (p. 105), convient-il. Et il est aisé d'étayer cette hypothèse en évoquant la sensualité de « Femme noire » (*Chants d'ombre*) « fruit mûr à la chair fraîche ». La conception que Senghor se fait de l'amour est profondément africaine, du fait qu'il associe constamment des images de fertilité, de maternité, d'amour physique et de virilité.

La sensualité est en effet pour un Africain une manière d'être au monde, une des représentations de sa spiritualité. Aussi l'image de la femme ne se limite-t-elle jamais à celle d'un objet esthétique ou sensuel ; sa beauté physique ne peut être une fin en soi, elle traduit sa richesse intérieure. De plus, porteuse de vie, elle illustre le rythme cyclique du cosmos, vie/mort/renaissance. Son association avec la Terre-Mère et avec l'Eau fait que l'individualité, voire la race, de la femme chantée importent moins au poète que son rôle constant d'initiatrice ou de médiatrice.

LA FEMME : OBJET SENSUEL

Objet, la Femme senghorienne l'est assurément et le poète éprouve une évidente délectation à recréer son corps par le jeu de mots qui l'associent au rythme même de la vie. Le blason* du corps féminin qu'il propose tout au long de son œuvre (p. 101, 107, 114, 121, 139, etc.) emprunte ses métaphores à la Nature, avec laquelle se confond la Femme, dans l'imaginaire de Senghor, comme on le verra dans le chapitre suivant. Nul désir chez lui de ces « grandes filles d'or aux jambes longues » de New York (p. 115) dont la beauté peut, dans un premier temps, le « confondre ». Il leur préfère assurément les « jeunes filles aux seins debout » (p. 111) qui se transforment en de « jeunes feuilles » (p. 115). Sensible à ce que la femme exprime de naturel et de vivant, Senghor s'attache à ses formes et à ses lignes, à l'éclat insondable de ses yeux et à la fraîcheur de son parfum (p. 137), au mouvement de ses épaules (p. 144), au balancement d'une démarche qui n'est pas forcément celle de la femme africaine (p. 139), au son de sa voix (p. 147). Mais toujours le désir est là, « l'impatience [le] presse de ses éperons d'acier » (p. 139) qui, avec un grand réalisme sexuel, amène le poète à confondre la possession de la femme et celle du monde :

> Car tu es femme par ma tête par ma langue, car tu es femme par mon ventre [...]
> Ma Saô mon amante aux cuisses furieuses, aux longs bras de nénuphars calmes
> Femme précieuse d'ouzougou, corps d'huile imputrescible à la peau de nuit diamantine. (p. 101).

Mais, toujours, il voit en elle un élément qui permet d'accéder à la lumière : tel est le rôle de la danse « qui trémule les jambes de statue, les cuisses ouvertes au secret » (p. 144), au terme de laquelle le couple se retrouve avec « lumière sur nos visages plus beaux que masques d'or » (p. 144). Telle est aussi, pour Chaka, la vocation de Nolivé, lumineuse beauté nocturne :

> Mon humide au lit de rubis, ma Noire au secret de diamant
> Chair noire de lumière, corps transparent comme au matin du jour premier (p. 131)

Il n'est pas indifférent que le thème de l'huile - huile de vie, huiles des rituels, « imputrescible » - soit souvent associé à l'évocation du visage ou du corps féminins. En effet, si l'expression privilégiée du lien entre la femme et le monde est de caractère sexuel, la femme est aussi chargée d'assurer des dialogues d'une autre nature entre le Poète et le monde.

LA FEMME : MÈRE ET AMIE

La mère

En opposition aux « grandes filles d'or » de New York,

Senghor laisse entendre implicitement le rôle de mère et de guide qui revient à la femme : aux « seins sans sueur ni odeur » des Américaines, s'opposent le « sein maternel » de la femme africaine, la tendresse qu'il lit sur ses lèvres et dans son cœur sans artifice. Mère, elle est étroitement associée au thème du lait dont on a pu relever les nombreuses résurgences. Senghor lui - même s'imagine placé sous la maternelle protection des concubines qui le bercent « comme on berce le beau bébé de sa chair brune » (p. 111), ou encore trouvant sa force et la paix de son âme au côté de l'amante (p. 102). Divinisé, le Fleuve-Femme Congo est « mère » de tous les êtres vivants « iguanes poissons oiseaux, mère des crues nourrice des moissons » (p. 101).

L'amie

Mais la Femme est surtout l'Amie aux « yeux calmes » insondables (p. 137), la Princesse dont Senghor ne cesse de rappeler le caractère et l'apparence physique d'étrangère. Alors que la femme africaine, amante ou mère, lui apporte un approfondissement de son identité, la Princesse l'enrichit de tout ce qu'il n'est pas :

> Mon désir est de mieux apprendre ton pays de mieux t'apprendre [...]
> Mais ta prudence est grande mes forces faibles (p. 137-138)

Même si leur relation est sensuelle, la part réservée au dialogue est, dans ce cas, beaucoup plus considérable et apparaît comme un élément fondamental de l'Amour.

Et ce dialogue suggère une autre image de la Femme, plus intellectuelle. La Princesse ne se contente pas d'être femme - corps aimé et poétisé-, elle parle, mais dit peu d'elle-même, elle suscite les interrogations du poète (p. 134), le déchiffre plus qu'il ne le souhaiterait (p. 140). Elle sait lui donner « le signe et le sens » des choses (p. 137) et il se sent prêt, à ses côtés, à succomber à une fascination qui serait comme un reniement de lui-même : « Mon cœur se prenait au miroir » (p. 141).

Senghor en arriverait presque à sacrifier l'Absente idéale à cette Présente « qui [le] fascine par le regard noir du mamba*, tout constellé d'or et de vert » et le transforme en « colombe-serpent », engourdi « avec délice » (p. 114) dans « la prison de ton charme » (p. 141). Mais après avoir rêvé de fuir ailleurs, « surtout pas ici » (p. 143), il refusera de sacrifier « la passion de [son] peuple » (p. 140) et se consacrer avec dignité au pays qui est le sien : « Ma noblesse est de vivre cette terre, Princesse selon cette terre » (p. 143).

Cette succession d'images féminines et le dialogue, déchirant parfois, avec la Princesse aboutit logiquement à la réapparition de la femme africaine, après la mort symbolique de la Princesse. Après les « Épîtres », Senghor revient à une inspiration moins intense, faite d'une alternance d'interrogations, de supplications, de sursauts de colère, d'amertume ou de mélancolie, d'une tonalité sans doute plus mièvre : « L'étoile du matin vint s'asseoir parmi nous, et nous pleurâmes délicieusement » (p. 149).

LA FEMME : HARMONIE DU MONDE

Dans leur diversité, ces images donnent par delà le vécu du poète, une sorte de synthèse de la femme senghorienne. La femme aimée est précieuse parce qu'elle contribue à organiser l'harmonie du monde. Même si l'Amour éloigne l'homme de sa tâche, dans le meilleur des cas, cette relation à l'autre est enrichissante. La Femme sert alors d'intercesseur entre le poète et le monde. Le cas de la Princesse est exemplaire : n'est-elle pas, dans le même poème, remerciée pour avoir annoncé au poète « la résurrection de Dyilôr* » (p. 138) et lui avoir ouvert « le visage de mes frères les hommes-blancs » (p. 139) ?

De toute évidence, la Femme dépasse, chez Senghor, son simple statut d'être humain. Sa valeur symbolique tient au fait qu'elle est associée à deux richesses primordiales, la Terre et l'Eau. Elle est l'image d'une terre à labourer et à féconder : comme l'Empire du Kaya-Magan, elle est « la plaine ouverte à mille ruts, la matrice où se fondent les métaux précieux » p. 105). C'est elle qui permettra au Kaya-Magan, désormais confondu avec Senghor, de fonder à nouveau son empire sur l'Amour. Mais elle est aussi associée à l'eau, sans la médiation de laquelle la terre ne pourrait être fécondée. Ainsi s'explique la féminisation du fleuve Congo : la fécondité de l'eau ne peut être que le fait d'une femme. Ce n'est donc pas un hasard si la Princesse inspire un grand nombre d'images aquatiques (« fjord de douceur », p. 138 ; « tempête de tes narines », p. 139 ; « voix [...] comme le grondement des cascades généreuses à l'aube du monde », p. 143), si l'attente de sa lettre se confond avec l'attente de l'averse (p. 136) et si la danse africaine à laquelle le poète souhaite l'associer est une sorte de tempête déferlante (p. 144).

Associant chacun des éléments de l'univers réel et imaginaire de la femme à des valeurs essentielles, s'efforçant d'harmoniser des états successifs de sa sensibilité, Senghor les enrichit en les dépassant. Ce dépassement contribue à faire de la Femme à la fois l'image et la source de la vie.

13 Les thèmes poétiques : la nature

La nature – africaine ou occidentale – est constamment présente dans la poésie de Senghor, moins comme objet de description que comme référence. En faisant appel à elle, Senghor n'est pas, à la différence du poète romantique, en quête d'un refuge et d'une protection (« La nature est là qui t'invite et qui t'aime... » écrit Lamartine). Il n'est pas non plus prêt, devant le silence de la nature, à lui reprocher son indifférence (« On me dit une mère et je suis une tombe... » écrit Vigny). Imprégné par l'animisme* africain, il demande à la nature de lui apporter, par sa propre existence, un réseau de « correspondances » en relation avec la condition humaine.

UNE PROFUSION EXOTIQUE ?

L'environnement naturel joue un rôle prépondérant dans l'imaginaire de Senghor. Bien que la majeure partie de son œuvre lui ait été effectivement inspirée par un petit canton du Sénégal, il parvient, par un jeu d'allusions, de réminiscences, de nominations*, parfois sans la moindre précision réaliste, à donner l'impression d'un monde aussi richement dépeint que le matériau en est modeste.

La flore et la faune[1]

C'est ainsi que, pour s'en tenir à la flore et à la faune, les inventaires qui ont été faits donnent une idée de la très

1. Voir G. Gawdat Osman, *L'Afrique dans l'univers poétique de L.S.Senghor*, Nelles. Ed. Africaines, 1978, et l'article d'Atin Kouassi, « Les couleurs dans la poésie de Senghor » [à propos des *Chants d'ombre*] in *Colloque sur la littérature et l'esthétique négro-africaines*, N.E.A., 1979. Les conclusions auxquelles parvient A. Kouassi s'appliquent bien au texte d'*Éthiopiques*.

grande diversité des espèces mentionnées. Dans l'inventaire de G. Gawdat Osman on relève, pour *Éthiopiques*, 44 espèces végétales ou dénominations génériques (bois, moisson, graine, herbe, etc) qui mettent en place un exubérant décor, tropical en majorité. Mais en fait, la plupart de ces termes ne sont utilisés qu'une fois (c'est le cas de 20 d'entre eux) ou deux fois. Parmi eux, les cinq termes les plus fréquents (fleurs, forêt, brousse, palmier, moissons) sont, en revanche, d'une relative banalité ; loin d'être évocateurs d'une exotique tropicalité, ils n'ont pour effet que de rappeler l'Afrique et le monde rural.

Il en va de même pour la faune : 60 espèces ou dénominations génériques (telles que oiseau, troupeau, poisson, etc.) suggèrent un grouillement animal. Mais ici encore, la diversité est fugitive (puisque 25 termes n'apparaissent qu'une fois). Dans les cinq termes les plus fréquents, une place de choix est réservée à des termes dotés d'une valeur symbolique assez forte : le lion vient en premier, suivi par le serpent, l'oiseau, le lamantin, le cheval.

Les couleurs

On aboutit à la même constatation lorsqu'on étudie la palette du poète : on l'imagine colorée infiniment. En réalité, la gamme des couleurs de l'Afrique – terre des contrastes – est relativement limitée, moins nuancée que celle des paysages européens. En général, dans la palette de Senghor, on note une écrasante prédominance du noir, suivi du blanc et, très loin derrière du rouge. Dans *Éthiopiques*, où la germination occupe une grande place, le vert (qui est aussi la couleur du parti politique de Senghor) devance le rouge. On aboutit à un même constat de sobriété lorsqu'on s'attache aux nuances que suggèrent les mots. Elles sont très peu diversifiées. On trouve surtout les nuances de rouge (sang), de blancheur (lait, neige) et d'or. On note également une opposition entre ce qui évoque la lumière (soleil, étoile, feu, etc.), et l'ombre (nuit, ombre, crépuscule, etc.). Cette opposition correspond à la dualité de l'univers senghorien.

Interprétation

L'interprétation de ces informations sur la flore, la faune

et les couleurs varie selon les cas. La flore témoigne du désir de rendre compte d'un paysage obsédant par sa diversité ; la faune révèle une hésitation entre le simple spectacle de la nature pastorale (oiseaux, troupeaux, cheval) et la signification symbolique du bestiaire (lion, serpent, lamantin, cheval encore). En ce qui concerne couleurs et nuances on constate la réduction de la palette à quelques oppositions fondamentales (blanc/noir, ombre lumière, sang/végétation), à quelques couleurs simples sans recherche de nuances.

Il est certain que Senghor cherche à concilier deux perceptions presque contradictoires de la Nature : il veut, d'une part, porter un regard panoramique et d'autre part, retenir ce qui lui semble susceptible de définir l'essence du paysage et ses « correspondances » significatives. On pourrait considérer ce regard panoramique comme le regard complaisamment exotique d'un poète qui cherche à décrire un paysage en accumulant des éléments divers, sans bien y parvenir. Mais il faut aussi tenir compte de l'importance de la nomination* pour un Africain : l'énumération des mots contribue à mettre en place la réalité du paysage, par une sorte de complicité avec le lecteur, et dispense de la description.

UN RÉSEAU DE MÉTAPHORES

La véritable richesse de la nature senghorienne est sans rapport avec l'abondance de termes désignant la flore, la faune, les lieux historiques, la géographie. Elle tient au fait que la nature est omniprésente, voire obsédante, constamment agissante[1]. Ce qui compte, c'est qu'à des

---

1. On notera la rareté (relative) des adjectifs qualificatifs ; encore sont-ils affectés d'une connotation « morale » plus souvent que descriptive : ainsi, dans les deux premières pages de « L'Absente » (prises au hasard) nous relevons : téméraire, hauts, nues (mains), vaines, frêles, fraternels, graves, absent, ferventes, tendre, auxquels ne s'opposent comme adjectifs à valeur descriptive (limitée) que : jeunes, vertes, longs (mais sans valeur concrète sauf dans « long cous »), beau, brune.

comparaisons, Senghor préfère un réseau de métaphores qui associent l'Homme à la Nature ou la Nature à l'Homme. On peut se référer à ce propos à la « description » de New York sur laquelle s'ouvre le poème (p. 115). Le procédé est systématique dans « Congo » (p. 101-103) : le poème est bâti tout entier sur une seule métaphore associant le fleuve Congo à une femme « reine sur l'Afrique domptée » (p. 101), et, dans le détail, il est composé d'une succession de métaphores, (« sois la fuite de la pirogue sur l'élan lisse de ton ventre », « clairières de ton sein îles d'amour », « fleurs sereines de tes cheveux », etc.), destinées à prolonger la métaphore féminine initiale.

La Nature et la Femme

La plupart de ces métaphores sont d'ordre végétal et associées au nom de la Femme. Il est rare en effet que le poète décrive physiquement celle-ci : à peine peut-on comprendre que la Princesse est blonde (« tes jambes longues frisées d'or blanc », p. 137). Senghor préfère demander à la nature le soin de traduire métaphoriquement les éléments du charme féminin. Ici « tes lèvres fleurant les forêts de sapin » (p. 137). Ailleurs, « l'Étrangère aux yeux de clairière, aux lèvres de pomme cannelle au sexe de buisson ardent » (p. 105). Ailleurs encore, Khasonkée*, « grande libellule les ailes déployées » (p. 108) ou Nolivé*, « seins de rizières mûres et de collines d'acacias sous le Vent d'Est/Nolivé aux bras de boas, aux lèvres de serpent-minute* » (p. 121), etc.

Il arrive même que la Femme, par l'amour exclusif qu'elle porte à l'Homme, se pose en rivale de la Nature. Tel est le cas de la Princesse : « tu me disputais le cœur sauvage des pierres des forêts et des torrents/Et la grâce labile des oiseaux de mer/[...] ton parfum était le parfum des moissons l'éclat du silex ta beauté » (p. 140). Cet appel constant à la Nature pour traduire la Femme témoigne de l'importance du lien qui existe dans l'imaginaire de Senghor entre ces deux composantes majeures de son univers. La Femme et la Nature exercent l'une et l'autre un pouvoir comparable sur l'Homme.

Une Nature agissante

Ces métaphores introduisent à chaque instant un lien essentiel entre la Nature et le monde vivant des hommes, des femmes, voire des animaux ou des astres. Mais la Nature n'est pas présente seulement comme référence concrète ou sensible. Elle a un rôle actif et la métaphore s'enrichit généralement d'une valeur dynamique ; sa force se manifeste par l'intermédiaire de verbes qui chez Senghor sont dotés d'une force particulière pour traduire une image en action (« je suis la pirogue qui fend le fleuve, la main qui sème... », p. 132 ; « une onde [...]qui trémule les jambes [...] déferle sur la croupe, creuse les reins tend ventre gorges et collines », p. 144), etc.

Encore faut-il comprendre que le rôle qui revient à la Nature n'est jamais indiqué avec certitude. L'exemple de la nuit est significatif : lorsque le soir tombe, l'ordre de l'Homme se rompt soudain, « les choses sont sans épaisseur ni poids » (p. 153). La nuit peut être à la fois, selon les circonstances, négative ou positive : elle peut être source d'angoisse (« Soir ambigu » des premiers temps, p. 99), moment de passage, précédant la rosée matinale et la découverte de la vérité des choses (p. 109). Elle peut aussi devenir « plus véridique que le jour » (p. 116). Elle peut se confondre avec la Femme (p. 131), devenir « la douceur féminine de la nuit » (p. 105) à laquelle l'Homme veut s'abandonner sensuellement (p. 111, p. 121), mais dont il veut aussi, comme le Kaya-Magan, être le roi (p. 103 et 105).

Le Soleil, feu redoutable et source de vie, le Désert, lieu de mort et de renaissance par la purification, l'Eau, le Vent, le Printemps sont présentés non pour eux-mêmes mais pour leur rôle dans leur relation avec l'Homme.

Une nature révélatrice

La Nature et ses multiples composantes ne se bornent pas toujours à suggérer l'image d'un monde réel ou imaginaire, présent ou passé, ou à susciter un état d'âme. Nombre de notations correspondent, en effet, à la prise de conscience et à l'expression de la morale ou de l'idéologie du poète. Ainsi le spectacle des couleurs du printemps (« l'arc-en-ciel d'Avril », p. 117) n'a pas pour seul effet de permettre aux jambes de reverdir (p. 113) : le spectacle ou le souvenir de la nature authentique dispense de recourir à l'imagination gratuite, « d'inventer les sirènes » (p. 117).

Le métissage du blanc et du noir

Le traitement des qualificatifs « blanc » et « noir », dont nous avons relevé la très nette prédominance est intéressante à cet égard. Si leur fréquence se justifie par le fait que le couple blanc/noir est au centre des problèmes de Senghor, la lecture même de ces deux couleurs se trouve inversée. Alors que, pour un Occidental, la couleur noire est, le plus souvent, chargée de connotations négatives et que le blanc signifie pureté, bonté, naissance à la vie, la lecture de Senghor est contraire : la sensibilité au noir qui pourrait n'être qu'un fait d'écriture, prend une signification de parti pris idéologique.

Contrairement à la lecture des Occidentaux, la couleur noire ne peut être que positive (« des ruisseaux de lait noir », p. 117). Si elle est souvent mentionnée comme référent racial, cette référence se complète généralement d'un jugement de valeur esthétique (dans « Chaka », le chœur dit « Comme il est noir » et le coryphée* commente « et comme il est splendide », p. 127), de vie, de joie. Couleur de la femme africaine (« O ma Nuit ! ô ma Noire ! [...] Chair noire de lumière », p. 131), la couleur noire est également porteuse de sensualité et tout ce qui peut réconforter l'Homme lui est associé (« lait noir de l'amour », p. 114, « regrets du Pays noir »[1] (p. 137).

Le traitement du blanc est moins uniforme, ce qui n'est pas fait pour surprendre pour peu que l'on songe à l'influence de la culture occidentale sur Senghor. Si l'ordre des valeurs était simplement inversé, le blanc serait uniquement une couleur à connotation négative.

Tel est fréquemment le cas, d'abord parce que le blanc est la couleur du colonisateur, d'un Autre différent et rejeté, le distrait « aux yeux blancs de perle » (p. 114), qui

1. La première rédaction du vers « quelle offrande apaisera le masque blanc de la désse » (p. 147) donnait « le masque noir ». La modification est significative : une déesse courroucée ne peut avoir un masque noir ; de plus le blanc est, en Afrique, la couleur de la Mort et du deuil.

est rendu responsable d'un Passé haïssable et doté du pouvoir de pervertir les valeurs authentiques de l'Afrique :

> Voix Blanche, voix partiale voix endormeuse.
> Tu es la voix des forts contre les faibles (p. 125)

Par extension, le blanc est angoissant ou funeste (« feu blanc », sang qui devient « petit lait », blanc stérile, p. 142). Il est pourtant ressenti, au niveau du sacré, comme porteur d'innocence (p. 148), de nourriture spirituelle et matérielle sous la forme du lait, de préalable à la connaissance chez les « blancs initiés » (p. 109), à plus forte raison dans le contexte chrétien de la fête de Pâques :

> *Laetare** sur l'Église au lait doux de coco et sur son visage pascal
> Blancs sont les enfants blancs les hommes[1] (p. 152).

Le blanc peut aussi être associé à l'idée de lumière (« aube blanche », p. 133, « lait du jour », p. 152), de beauté et de tendresse. On parvient ainsi, à force de constater la coexistence des deux couleurs au sein de la nature, à une sorte de dépassement de l'antagonisme blanc/noir. Au déplaisir moral et intellectuel du choix, Senghor finit par préférer l'ambivalence d'un esprit nouveau, lui permettant d'associer deux couleurs idéologiquement opposées dans une coopération fraternelle ou sentimentale, dans un univers de valeurs métisses qu'illustre également le chant à l'unisson entre « mon pays de sel et ton pays de neige » (p. 138).

Préservée dans chacune de ses composantes, la Nature senghorienne se trouve donc riche à la fois de la diversité qu'elle tient du réel et de l'illustration qu'elle donne de l'ordre moral et cosmique cher au Poète. Son univers pourrait n'être (et n'est parfois) que foisonnement exotique et antagonismes. Mais, de même que le regard porté sur la Femme, auquel il est si souvent associé, le regard porté par Senghor sur la Nature implique un dialogue du poète avec elle : une recherche d'une harmonieuse complémentarité.

---

1. Il est vrai que dans le même contexte, l'obscurité est négative : « je suis plein de ténèbres » (p. 153).

14 Les thèmes poétiques : le temps

Senghor a toujours le désir de dépasser les obsédantes et diverses formes de cette dualité du monde (les noirs, les blancs) à laquelle il est sensible, plus qu'un autre peut-être, pour l'avoir vécue personnellement au carrefour de deux civilisations. Tel est le sens du constat : « je suis les deux battants de la porte, rythme binaire de l'espace » (p. 105). Il est partagé entre la tradition africaine qui trouve sa force dans la continuité, la « présence à la vie » (*Liberté I*, p. 317) et la civilisation européenne. Cette dernière, à son avis, est celle de l'analyse et qui oppose « l'esprit à la matière, la raison au cœur ». Confronté à ce choix, il ne peut manquer de s'interroger sur ce que pourra être la « force de l'Afrique future » (p. 105).

Du fait de sa situation d'Africain du XXe siècle et d'homme politique, la réflexion sur le temps, sur l'influence de l'histoire, sur l'insertion du présent dans le cours du temps, est au cœur de l'œuvre poétique de Senghor, comme de son œuvre en prose.

LE TEMPS DE L'HISTOIRE

Le temps de l'histoire africaine ne cesse d'affleurer dans les poèmes d'*Éthiopiques*. Il n'est pas prétexte à un exposé historique, mais il constitue une irremplaçable référence, véritable composante du présent du poète.

L'Histoire revue

L'évocation du Kaya-Magan (p. 103-105), de Chaka (p. 118-133), des « malheurs de ma race » dans les « Épîtres à la Princesse » (p. 138) se fonde -allusivement, il est vrai- sur des faits précis. Mais dans les trois cas, la volonté d'anachronisme est évidente : l'Histoire est malmenée. Plusieurs siècles sont couverts par le Kaya-Magan, Chaka est à la fois le chef zoulou du XIXe siècle et le « leader » africain du XXe, l'histoire de la fondation et du désastre du royaume de Siné débouche sur l'image de la maison abandonnée et de l'exil du poète (p. 138).

Dans les trois cas, l'Histoire, outre sa signification propre, peut être considérée comme un prétexte à préciser les sentiments de Senghor : son appel à l'Amour (p. 105), sa conception du rôle du poète (p. 128 et 132), son désarroi d'exilé (p. 138), et de façon plus générale, sa confiance dans le destin de l'Afrique.

La continuité d'une civilisation

Le temps de l'Histoire est le reflet d'une continuité ininterrompue. L'homme-noir se trouve, depuis les temps primordiaux - « trois époques de nuit millésime* » (p. 100)- confronté à des problèmes identiques, de siècle en siècle : il s'agit toujours du combat contre les « forces imbéciles » (p. 101) qui se renouvelle tout en restant le même, de génération en génération. Du « crâne de l'Ancêtre » (p. 138) au réveil des concubines (p. 111), du chant du griot - patriotique (p. 110), religieux (p. 101) ou érotique (p. 149)- à la menaçante et prophétique reconstruction de l'Histoire de l'Afrique colonisée[1] (p. 142), le temps s'est écoulé. L'homme contemporain prend place dans cette continuité et il a le devoir de perpétuer une tradition millénaire (caravane dans le désert, p. 108 ; échange de salutations, p. 107 ; « ballet des circoncis », p. 136 ; « fêtes à la fin de l'Initiation », p. 139, etc.). Reproduire le passé est pour lui une manière de s'identifier et de justifier son existence.

L'Africain doit-il, pour autant, considérer que sa tâche se limite à « raccommoder et rebâtir » (p. 145), à collaborer à « la résurrection de Dyilôr* » (p. 138) ? Ce serait méconnaître le fait que dans l'histoire de l'Humanité, chaque individu voit surgir des problèmes nouveaux - « cet autre exil plus dur à mon cœur, l'arrachement de soi à soi / A la langue de ma mère, au crâne de l'Ancêtre, au tam-tam

1. Voir ci-dessus p. 30 et 74.

de mon âme » (p. 138). Au message passéiste du Beleup* de Kaymôr*, Senghor répond par le « sourire du Sage » : il préconise une adaptation de l'Afrique au rythme de la vie (dans ce cas particulier le remplacement d'une société féodale par une société obéissant à des règles démocratiques, p. 107), et non un arrêt sur l'image d'un temps révolu.

LE TEMPS DE L'ATTENTE

L'idée d'un monde en devenir est obsédante chez Senghor : elle répond à l'attente d'un monde meilleur. Le poète de la maturité se souvient de ses engagements politiques de naguère. Celui qui, en 1936, annonçait « l'aube transparente d'un jour nouveau » n'a pas renoncé à son rêve : c'est ainsi qu'*Éthiopiques* recourt souvent à des termes ou à des métaphores appartenant au champ sémantique du matin (aube, aurore, v. p. 100, 103, 109, 133, 143, etc.), pour caractériser l'aboutissement d'une « marche » douloureuse à travers le temps :

> Et lorsque le temps fut venu [...]
> C'était l'heure de la rosée, le premier chant du coq avait percé la brume [...]
> Et contre les portes de bronze je proférai le mot explosif (p. 109)

Le thème de l'attente

Ce qui importe ici, c'est surtout le thème de l'attente, traduction d'un rituel de passage, et non l'avènement d'un matin révolutionnaire succédant à une nuit dotée d'une signification négative, peu vraisemblable chez Senghor. Le deuxième chant de « Chaka » en témoigne : l'objet de la longue attente de Chaka (p. 127, 129) est précisément la venue de la nuit ; « plus véridique que le jour » (p. 116), lumineuse, confondue avec Nolivé, la nuit lui permettra de voir surgir « le soleil du monde nouveau » (p. 132).

Dans d'autres cas, l'attente peut être simplement celle d'un message de la Princesse (« je suis attente dans la nuit », p. 136), ou plus symboliquement l'attente de la venue de l'Absente, du Printemps, voire de la renaissance par delà la Mort. C'est cette « re-naissance » (p. 127) qui, par-delà une mort réelle ou symbolique, est promise aussi bien à Chaka qu'à la pirogue « sur la crête de l'exultation, à l'appel irrécusable du gouffre » (p. 103), ou à la Princesse :

> Tu fleuriras au jardin de mon cœur
> Les brouillards paressent encore sur tous mes fleuves
> Mais la lumière lentement s'étend sur mes yeux de nuit (p. 146).

L'importance de l'attente est d'autant plus grande dans le rapport du poète au monde qu'elle est rarement associée au doute. Le poète a la certitude que son attente sera satisfaite, un jour ou un autre : certitude que traduit le fréquent usage d'un futur sans ambiguïté : « la pirogue renaîtra » (p. 103), « je sais qu'elle viendra la Très Bonne Nouvelle », p. 113; « nous serons maîtres de la Mort », p. 144, etc.). Seule la manière dont l'attente sera satisfaite demeure ambiguë.

Quelle attente ?

Quant à l'objet et à la durée de l'attente, Senghor ne les perçoit qu'affectivement : « qu'elle est longue à mon cœur l'absence de l'Absente » (p. 111). Il ne saurait en être autrement car les prédictions peuvent être démenties par la réalité : « Sa venue nous était prédite quand se rassembleraient les hirondelles. Voilà/Qu'à tire-d'aile elles fuient les chaleurs de nos querelles intestines... »[1] (p. 112). Le Poète sait que « les mots s'envolent et se froissent au souffle du Vent d'Est » (p. 115) et que seul son cœur « brûle un feu sans poussière »[2] (p. 115).

Aussi son attente n'est-elle pas l'attente de tel ou tel événement, - fût-ce la réception d'une lettre longtemps espérée. Le choix de Senghor est d'adhérer à la vie (p. 143), d'accompagner de son chant le cours de la vie et du temps, ainsi qu'entend le faire Chaka (p. 128) : en un mot de retrouver l'unité primordiale des « temps très anciens » (p. 117). Comme le lui rappelle la Princesse dans son dernier message, le pouvoir de l'homme sur le cours du temps est illusoire; il est vain de vouloir « raccommoder et rebâtir », « la tâche [surpasse ses forces] » (p. 145). Tout

---

1. Évidemment, les hirondelles se sont rassemblées pour préparer leur départ, puis elles sont parties sans que rien ne se soit passé.

2. Voir, à propos de cette citation, la fin du chapitre 3.

ce qu'un être humain peut faire c'est d'attendre une germination qui ne dépend pas de lui mais se situe dans le cours normal des choses au même titre que la germination du grain :

> Mon Prince noir, retiens donc ce message comme j'ai fait le tien.
> Qu'il te soit nourriture simple, le pain le sel et le ciel.
> Garde l'image de la Princesse de Belborg, comme le grain l'hiver dans la mort de la terre. (p. 146-147)

« L'UNITÉ RETROUVÉE »

L'opposition entre le temps de l'Histoire et celui de l'attente pourrait suggérer une insurmontable contradiction entre la référence à un passé exaltant mais révolu, et une attente fervente mais mal définie. L'originalité de Senghor réside dans son désir de dépasser cette opposition et de s'appuyer sur la réunification d'éléments apparemment contradictoires, qui illustrent la dualité du monde : « Voici revenir les temps très anciens, l'unité retrouvée la réconciliation du Lion du Taureau et de l'Arbre » (p. 117). Nul besoin de recourir aux utopies[1], « d'inventer les Sirènes » pour s'acheminer vers « l'Afrique : future » ; « il suffit d'ouvrir les yeux » (p. 117).

De l'Histoire il ne retiendra que la mémoire vivante d'un peuple, cette mémoire de la Vie qui manque à « l'encre du scribe », attentif à la seule mémoire chronologique des faits (p. 101). Le Temps est dépassé : le Passé apporte une nourriture pour le Présent (l'idée de nourriture revient souvent, p. 105, 107, 109, 113, 146), « l'Absente » se confond avec la Présente.

Un des sens du poème « L'Absente » s'éclaire à la lumière de ce constat : la venue de l'Absente était prédite (p. 112). Apparaît-elle « la voilà » (p. 113) ? C'est l'Éthiopienne*,

---

1. Songe-t-il aux idéologies contemporaines ? Dans les années 50 il s'éloigne des partis occidentaux de gauche. Il leur reproche de ramener le combat à la lutte des classes et d'ignorer les problèmes de l'homme noir : « Le Marxisme offrait [aux Noirs] une solution : entrer dans l'armée du Prolétariat. [Mais ils ne seraient] que des consommateurs de civilisation blanche. Toujours colonisés, toujours dépendants (texte de 1952, *Liberté I*, p. 133).

personnage de l'histoire mythique. Mais est-il nécessaire qu'elle survienne réellement ? Il suffit que la voix rythmée du poète « germe dans la mémoire de l'Absente » (p. 113), « comme le grain l'hiver dans la mort de la terre » (p. 146). Les choses deviennent claires : sans se soucier de l'absence de l'Absente, le poète peut l'imaginer Présente : il lui aura suffi de ne pas séparer le manche de la lame, ni la fleur du fruit (p. 114), en d'autres termes de percevoir la Vie de l'humanité dans sa réalité continue et charnelle.

L'attente sera satisfaite non par le passage d'un état à un autre, mais par l'acceptation du rythme « essentiel » (p. 109) parce qu'existentiel, - « rythme et sang » (p. 117).

Au milieu de symboliques « ruisseaux de lait dans la vallée » (p. 109), il peut confondre « présent et passé [...] la Mort et la Vie » au point de les relier par « un pont de douceur » (p. 149). Il peut retrouver le « Royaume d'enfance » (p. 109), les « prétemps* du monde » (p. 154) sans tourner le dos à la vie.

Ce rythme que Senghor est apte à traduire en brûlant « un feu sans poussière » (donc sans rien perdre de la matière qui lui est offerte par le monde) est celui de la philosophie africaine : la succession indéfinie des trois cycles « vie / mort / renaissance ». C'est le rythme du temps retrouvé, « complainte sans mémoire » (p. 154), mouvante et éternelle immobilité de l'Afrique. C'est ce que Senghor suggère lorsqu'après avoir évoqué « les deux battants de la porte », image de la dualité du monde, il fait intervenir le temps de la synthèse, « troisième temps » illustrée par le tam-tam qui, expression de la tradition ancestrale, apparaît comme la « force de l'Afrique future » (p. 105).

15 Senghor au carrefour des cultures

Senghor, on l'a assez dit, se situe avec passion au carrefour de deux cultures, la culture orale africaine et la culture occidentale. Il évoque dans sa « Postface » les poètes de son village composant dans « la transe des tam-tams, soutenus par le rythme des tam-tams » (p. 171), et se souvient du « génie de Marône* » (p. 167), poétesse de son village qu'il découvrit en faisant une enquête sur la poésie orale négro-africaine.

Il a, d'autre part, été un grand dévoreur de livres, toujours à l'écoute de la pensée d'autrui : les nombreux articles qu'il a consacrés aux poètes et aux philosophes occidentaux témoignent de l'ampleur d'une culture qui a contribué à nourrir son œuvre poétique. Mais une des caractéristiques de Senghor a pourtant été de ne pas s'aliéner par des emprunts à l'œuvre d'autrui, mais bien de l'assimiler. Il suffit de lire les pages qu'il a consacrées à Hugo, à Claudel, à Saint-John Perse pour comprendre qu'à l'écoute de la littérature occidentale, il n'a renoncé en rien à sa Négritude[1]. On a, en le lisant, le sentiment de découvrir des rencontres privilégiées plutôt que des imitations ou des sources.

Outre la poésie orale africaine, à propos de laquelle il est plus légitime de parler d'influence, on trouve chez Senghor au moins deux rencontres culturelles assez évidentes : le Surréalisme et la tradition judéo-chrétienne.

---

1. Voir à ce sujet notre article : « Senghor lecteur noir d'écrivains blancs », *Tracées francophones, 1*, L'Harmattan, 1996 et celui de R. B. Fonkoua, « L'Afrique en khâgne : étude des statégies senghoriennes du discours [...] », *Présence africaine,* n° 154, 1996.

LA POÉSIE ORALE AFRICAINE

Senghor lui-même, dans les « Épîtres à la Princesse », caractérise la langue africaine, qu'il utilise avec ses amis, et avec elle l'art de la poésie orale africaine :

> Je m'enchantais aux jeux de cette langue labile* avec des glissements sur l'aile
> Langue qui chante sur trois tons*, si tissée d'homéotéleutes* et d'allitérations*, de douces implosives coupées de coups de glotte* comme de navette*
> Musclée et maigre, je dis parcimonieuse, où les mots sans ciment sont liés par leur poids. (p. 141)

Sans parler du contenu de cette poésie ni de la langue et du style de Senghor sur lesquels nous reviendrons au chapitre 17, nous retiendrons surtout l'art poétique qu'impliquent ces quelques vers : les mots ont pour lui un poids propre et dispensent le poète de ce « ciment » qu'est pour un écrivain occidental le discours logique. De même que la nomination* a pour effet d'unir le signe au sens et de dispenser de descriptions superflues, de même la pensée est appelée à s'exprimer sous sa forme la plus sensible, la plus allusive : le but poursuivi n'est pas de convaincre, mais d'informer le lecteur de l'essentiel. Pour cela Senghor recourt à des procédés tels que la rareté des liens de subordination (représentés surtout par des relatives dont le rôle dans le discours est ponctuel), la juxtaposition, la brièveté des phrases, purement dénotatives, informatives (« Ma mission n'est pas d'une lune* », p. 136). On trouve aussi des phrases exclamatives ou simplement associées à une exclamation (« Et ta démarche de navire oh ! le vent dans les voiles de misaine... », p. 139).

Ce que veut exprimer ainsi le poète c'est un témoignage soit sur la réalité du fait mentionné soit sur sa résonance affective. Dans tous les cas, la phrase ou l'image sont réduites au minimum suggestif : la fréquence de termes comme cristal ou sel (« mon pays de sel », p. 138) est significative de la discrétion d'une poésie qui n'exclut ni la sensibilité au monde extérieur ni la perception sensuelle du réel. Mais, toute de discrétion, « parcimonieuse », la poésie de Senghor s'attache à n'en dire que l'indispensable; elle préfère laisser au lecteur le soin de deviner le sens profond de son discours, d'entendre à son tour que

« les tam-tams roulent, les tam-tams roulent, au gré du cœur » (p. 144).

Senghor, *a posteriori*, confirme son goût pour l'économie de moyens qu'il admira chez Marône lorsqu'il cite - en français ou en sérère*, selon le moment - un distique qu'il juge représentatif de la poétique et de l'imaginaire sérères, par sa sobriété et par la pureté du dessin :

> Lang Sarr s'est drapé dans un pagne noir
> Un jeune homme s'est levé tel un filao*[1].

LE SURRÉALISME

La chronologie invite à rapprocher les poètes de la Négritude du mouvement surréaliste qui, après des débuts aussi modestes que provocateurs vers 1925, connut son apogée entre 1930 et 1939. Bien des points les rapprochent, tant sur le plan de l'idéologie politique et sociale (même combat contre la société bourgeoise, contre le colonialisme, pour la reconnaissance des arts dits primitifs, etc.) que sur le plan de l'écriture. Il est d'ailleurs vraisemblable que Senghor a connu, peut-être fréquenté un certain nombre d'entre eux. Il est pourtant excessif de voir en lui un surréaliste noir et de parler d'influence directe parce qu'il aurait emprunté à Éluard son beau titre de Mourir de ne pas mourir [2] (1924), ou parce qu'un vers tel que « Ses paupières de fourrure et de pétales de laurier-rose » (p. 114) fait irrésistiblement songer aux blasons* composés par Breton, le plus connu des surréalistes[3].

Par-delà les similitudes formelles, il est plus intéressant de noter une attitude comparable devant la poésie chez

---

1. Voir à ce propos l'article de Senghor : « Langage et poésie négro -africaine » (1954), repris dans *Liberté I*, p. 159-172.

2. Eluard l'a peut-être emprunté à Sainte Thérèse (« Que muero porque no muero » ; « car je meurs parce que je ne meurs pas ») ! Senghor écrit dans *Éthiopiques* : « je meurs de ne pas mourir » (p. 111) et, pratiquant une auto-imitation assez fréquente chez lui, il reprend l'expression dans *Nocturnes* (« Cette douleur de vivre, ce mourir de ne pas mourir », p. 199).

3. On relèverait bien d'autres similitudes formelles entre Senghor, Apollinaire, Claudel, Saint-John Perse, voire Samain et autres poètes symbolistes. Elle témoignent d'une identité culturelle commune plus que d'emprunts conscients.

Senghor et les poètes contemporains qui ont su dit-il, mettre « l'accent sur la raison intuitive et sur les pouvoirs de l'imagination animée par la sensibilité, par le désir » (rapporté par Aziza, *op. cit.*, p. 63).

La principale ressemblance entre Senghor et les Surréalistes tient à la place que, comme eux, il accorde à l'image : comme les Surréalistes, mais pour des raisons différentes, Senghor livre un combat contre la raison à laquelle il préfère la connaissance intuitive[1] ; aussi trouve-t-il dans l'image un moyen suffisant pour traduire les différents éléments du réel et même les différents états de la pensée. Le recours à « l'image analogique » (p. 158) lui apparaît comme un moyen de s'affranchir de siècles de rationalisme : « c'est le mérite du Surréalisme d'avoir révélé que deux mots concrets y suffisaient et que l'image était d'autant plus forte que *les rapports des deux réalités rapprochées* étaient plus *lointains* [Breton] » (Postface, p. 159). Dans cette utilisation de l'image, Senghor retrouve ce qui lui apparaît comme deux apports fondamentaux du langage négro-africain : le refus du « poème-discours », fondé sur une structure logique, et le recours à la « syntaxe nègre de juxtaposition ».

La démarche de l'écriture senghorienne, amplement illustrée par *Éthiopiques*, est donc parallèle à la démarche des Surréalistes ; elle témoigne d'une rencontre plutôt que d'une influence. Senghor reprochera aux Surréalistes d'avoir cru que « plus il y avait de distance entre le signifiant* et le signifié*, plus l'image était belle parce que forte ». Il voit là un acte intellectuel en désaccord avec sa propre conception de la Poésie qui doit être « co-naissance » au monde.

Demandant à la Poésie de traduire toute la puissance sensuelle d'une vie sous-jacente et tout un élan cosmique, Senghor est, en fait, plus près du verset de Claudel[2] (à qui

---

1. Il aime à parler de la « révolution de 1889 », date de la publication de l'Essai sur les données immédiates de la conscience, dans lequel le philosophe Bergson opposait la connaissance logique à celle qui provient d'une intuition immédiate.

2. « Quand je vous citerai un texte connu [de Claudel] dites-vous qu'il y a un texte semblable d'un Négro-Africain ou d'un Africaniste » (*Liberté I*, p. 350).

il emprunte l'expression de « co-naissance ») ou de Saint-John Perse, poète évocateur des grandes forces cosmiques et des grandes civilisations.

LA TRADITION JUDÉO-CHRÉTIENNE

L'utilisation de La Bible dans *Éthiopiques* donne un bel exemple d'intertextualité. Si le texte de l'Ancien Testament n'est pas l'objet d'allusions précises, il n'en est pas moins présent, comme une toile de fond significative, principalement avec la Reine de Saba*(p. 111). Il s'agit d'une intertextualité multiple, qui se réfère à la fois :
– à sa présence dans l'œuvre de Senghor avant *Éthiopiques* (« A l'appel de la race de Saba », p 57 sq.) et bien après ce livre (« Élégie pour la reine de Saba », p. 325 sq.) ;
– à l'attente de la Reine par un Senghor/Salomon*[1] et au voyage de la Reine de Saba « sur les pistes ferventes » ;
– à la confusion de la Reine avec l'Éthiopienne* (p. 113), qui se trouve associée au titre du livre et qui, comme le Kaya-Magan* établit un lien, cher à Senghor, entre l'Afrique noire et l'Égypte, via l'Éthiopie ;
– à l'ambiguïté d'une légende qui, biblique, est aussi attestée par le Coran, par la tradition éthiopienne et, par l'intermédiaire du « pentagramme »* (p. 113), se relie aux traditions de l'occultisme et du peuple peul.

La relation établie entre l'Absente et la Reine de Saba confirme à quel point la Bible fait figure, dans l'esprit de Senghor, de creuset culturel, riche de toutes les mystérieuses concordances de l'Humanité. Le fait que les

1. Confusion entretenue dans l'« Elégie pour la Reine de Saba », où le texte de plusieurs poèmes de Senghor (« Messages » d'*Éthiopiques*) est évoqué ou cité, associé au somptueux cortège de la Reine. Dans les trois derniers vers de l'« Élégie » (« Lors je crée le poème : le monde nouveau dans la joie pascale/Oui ! elle m'a baisé du baiser de sa bouche./La noire et belle, parmi les filles de Jérusalem. » p. 332) plusieurs thèmes sont applicables aux deux hommes (le poème, le monde nouveau, la joie pascale, la sensualité) ; il s'y ajoute, à la fin, deux thèmes propres à Salomon, Jérusalem et le « Nigra sum et formosa » du « Cantique des cantiques » (attribué à Salomon).

paysages d'Éthiopiques - moissons, terres brûlées par le soleil, rareté de l'eau - correspondent au paysage biblique traditionnel ne peut que confirmer l'importance que Senghor accorde à un livre qui est la mémoire d'une humanité des premiers temps.

LE CHRISTIANISME

Plus personnel au poète qui, on le sait, est animé d'une foi chrétienne fervente, le Christianisme est aussi présent sur la route d'*Éthiopiques*. Il est, dans les deux derniers poèmes (p.152-154), jusque dans ses chants, doté d'une tonalité à la fois œcuménique et africaine : dans le *Laetare**, la joie de l'Église, est à la fois celle d'une ville française sous la neige et celle d'une foule africaine, qui n'oublie pas d'être sérère* par ses danses, comme elle est chrétienne par la myrrhe* et l'encens (p. 155). De même les voix lointaines de l'*Ave Maria*** de Joal se confondent, dans un cadre de vie bucolique (p. 154) avec le passé ancestral d'une Afrique « sans mémoire » où le « sourire » rend moins pressante l'attente de la Bonne Nouvelle (n'oublions pas que l'Absente/l'Éthiopienne se révèle la Présente à partir du moment où elle devient la Souriante[1] (p. 113-114).

Mais avant que ne vienne « la Très Bonne Nouvelle[2] », l'Homme doit connaître la souffrance, la Passion ; le terme est employé plusieurs fois, avec un sens très fort, en particulier par Chaka qui voit venir « la fin de [sa] passion » (p. 128). De fait, on peut donner une lecture christique (en même temps que senghorienne) du personnage de Chaka qui, comme Jésus au désert, comme Jésus sur la croix a :

> [...] longtemps parlé dans la solitude des palabres
> Et beaucoup beaucoup combattu dans la solitude de la mort
> Contre [sa] vocation. Telle fut l'épreuve, et le purgatoire du Poète (p. 129).

---

1. Voir ci-dessus p. 108 et 123.

2. Faut-il rappeler que tel est le sens du mot Évangile, ce qui donne une connotation évangélique à la « très bonne nouvelle » que Senghor annonce avec beaucoup de flou. ?

Senghor veut-il donner à entendre que les tourments de tout homme sont métaphoriquement comparables à la Passion du Christ : « Ah ! ce sommeil lourd qui irrite quand chaque flanc et le dos sont les plaies du crucifié » (p. 111) ? Il est plus probable qu'il est tenté de comparer le Poète au « bon berger » de l'Évangile, en raison des souffrances endurées et de la nourriture morale qu'il apporte à ses proches. L'image du berger nourricier, fréquente dans le Kaya-Magan (« Paissez mes antilopes », « paissez mes mamelles d'abondance », « mangez et dormez enfants de ma sève », etc., p. 103-105) se confond un peu avec celle du Sauveur qui donne sa vie pour le salut de l'humanité : « paix sur vous qui déclinez.

Vous respirez par mes narines* »[1] (p. 104). »

Quoi qu'il en soit, la lecture d'*Éthiopiques* témoigne de la volonté de Senghor d'assimiler et de traduire, sans rien abandonner des valeurs premières de sa Négritude, les enrichissements qu'il doit aux cultures les plus diverses.

---

1. On peut lire à ce sujet l'article d'Amadou Ly, « Le Kaya-Magan, une lecture biblique du poème », in *Péguy-Senghor. La Parole et le monde* (sous la dir. de J.F.Durand), L'Harmattan, 1996.

16 Musique et poésie

Rappelons que pour Senghor, le poème est comme une partition de jazz », dont l'exécution est aussi importante que le texte. Il assortit ses poèmes d'indications instrumentales. Celles-ci apparaissent très tôt, à partir de « Que m'accompagnent kôras et balafong », au titre significatif (publié dans *Chants d'ombre* et daté de 1939) et ne disparaissent qu'avec les *Lettres d'hivernage*. L'explication qu'il donne de cette disparition est intéressante :

« Comme vous l'avez deviné, écrit-il, la suppression des instruments de musique en exergue des *Lettres d'hivernage* signifie qu'il s'agit d'un style plus libre : ces poèmes doivent être dits sur le ton de la confidence » [1]. On peut en induire que la présence d'indications instrumentales, constante dans *Éthiopiques*, invite à considérer chacun des poèmes, même les plus personnels, autrement que comme de simples confidences : à la liberté du contenu autobiographique s'ajoute, comme on a pu le constater souvent, une valeur collective, idéologique ou philosophique.

LES INSTRUMENTS

L'intention de Senghor est assez clairement exprimée pour qu'il vaille la peine d'essayer de percevoir - même avec des oreilles d'occidental- la relation entre la qualité musicale des instruments indiqués et la musique intérieure du poème.

Elle est assez évidente lorsqu'il s'agit des orgues* (p. 152) ou des flûtes d'orgue* (p. 153), ou même d'un « orchestre de jazz » (p. 115), dans lequel Senghor fait figurer explicitement la trompette (p. 115), le trombone (p. 116), le hautbois et le saxophone (p. 117). La tonalité

---

1. Lettre à Renée Tillot, in R. Tillot, *Le Rythme dans la poésie de L.S.Senghor*, N.E.A., 1979.

même de l'orchestre est rendue par la « voix mâle de cuivre » et la « voix vibrante de hautbois » (p. 117), et celle du « solo de trompette » par l'évocation de « l'angoisse bouchée » (p. 117).

Les instruments africains sont relativement diversifiés : ***la kôra**** (10 poèmes, dont deux pour trois kôras et un avec des kôras), ***le balafong**** (5 poèmes), ***le khalam**** (4 poèmes), les diverses formes de tam-tam (5 poèmes avec tabala, tam-tam funèbre, tam-tam d'amour, et « tam-tam au loin », p. 152), on peut y ajouter, associée au *balafong*, la flûte (2 poèmes) qui, pour être aussi européenne, n'en est pas moins liée à la vie pastorale du Siné*.

*La kôra** domine. C'est à elle, en effet, que revient dans la poésie traditionnelle la tâche d'accompagner les odes et poèmes épiques ; associée au balafong, elle assure un accompagnement polyphonique, du fait qu'elle présente une gamme tempérée (c'est-à-dire avec une octave divisée en douze demi-tons égaux) et le balafong une gamme non tempérée (avec demi-tons inégaux). Elle apparaît dans les poèmes où Senghor évoque les grandes heures de l'Afrique et aussi le combat d'importance majeure pour l'Afrique et pour lui-même, dont se font l'écho les « Épîtres à la Princesse ». *Le khalam** que Senghor considère comme « l'accompagnement ordinaire de l'élégie » (p. 428) est, pour sa part, associé aux chants d'amour et à l'évocation mélancolique du pays natal (p. 147-150).

Quant aux *tam-tams*, instruments de musique et d'information, ils ont la diversité qui correspond à leurs diverses fonctions : *tabala* pour le combat de l'homme et de la bête (p. 99), tam-tam funèbre (ou *gorong*) pour la mort de Chaka et de la Princesse, tam-tam d'amour dans le chant II de « Chaka », « tam-tam » symboliquement au loin, associé à l'orgue dans le poème *Laetare* (p. 152), pour traduire le dialogue religieux. On ne peut négliger les tam-tams qui interviennent dans le texte même, en dehors de l'accompagnement musical, pour jouer leur rôle de témoin et d'informateur : le *tabala* et la « Grande Rayée* » (p. 100), les tam-tams au rythme obsédant de la danse (p. 144), les tam-tams qui se répondent d'une rive à l'autre (p. 145), « tam-tam solennel des défunts » (p. 148), les *tamas* (p. 106), ou le tam-tam métaphorique, « détendu » (p. 148) ou lancinant comme les battements du sang, (p. 131).

LE RÔLE DE LA MUSIQUE[1]

Même si Senghor prête à la langue française des vertus musicales (« il est tour à tour ou en même temps, flûte, hautbois, trompette, tam-tam et même canon », p. 167), les indications instrumentales qu'il donne pour chacun de ses poèmes se justifient par référence à la tradition poétique et musicale négro-africaine et par sa propre sensibilité personnelle à la musique.

Senghor voit dans la musique une expression de soi et non un simple accompagnement. On trouve un exemple de cette intervention presque physique de la musique, à la fin du poème « Joal » (p. 16) :

> Je me rappelle, je me rappelle...
> Ma tête rythmant
> Quelle marche lasse le long des jours d'Europe où parfois
> Apparaît un jazz orphelin qui sanglote sanglote sanglote.
> (p. 16)

À sa propre sensibilité musicale s'ajoute le fait que, dans la tradition de la poésie orale, transmise par les griots*, le poème est toujours chanté (ou psalmodié) et que sa récitation est accompagnée d'un instrument musical (« Postface », p. 167-168). En respectant cette tradition, Senghor se plaît à rester fidèle à deux traditions qui lui sont chères, la tradition de l'oralité africaine et celle du « carmen » gréco-latin[2], tout en apportant sa contribution à la définition des valeurs de la Négritude, au nombre desquelles la musique[3].

1 « Vous me demandez pourquoi au début de plusieurs de mes poèmes, j'indique un instrument de musique pour l'accompagnement du poème. C'est pour une raison symbolique [...] Et c'est aussi pour une raison pratique. Tout d'abord pour une raison symbolique. C'est pour indiquer l'atmosphère du poème. Vous m'avez signalé que, pour le même poème, sur une revue ou sur le manuscrit, j'ai indiqué des trompes et dans l'autre cas, j'ai indiqué des kôras. C'est sans doute que je ressentais le poème différemment » (Entretien de 1974, rapporté par R. Tillot, *Le Rythme dans la poésie de L.S.Senghor*, N.E.A., 1979).

2. Le mot latin « carmen » (poème) provient du verbe « cano » (je chante), qui a donné le mot « chant ». Le suffixe -men donne à « carmen » le sens de « chant sacré, rituel », ce qui correspond à peu près à l'une des vocations que Senghor attribue à la poésie.

3. « Une des mes idées a été de créer une nouvelle civilisation négro-africaine basée sur les valeurs permanentes de la Négritude [...] Depuis l'Indépendance, j'ai dit qu'il nous fallait une nouvelle musique nègre, une nouvelle danse nègre, une nouvelle philosophie nègre « (in Afrique nouvelle, Dakar, 12-18 mai 1976).

Il est sans doute malaisé, pour un Occidental, de percevoir la signification symbolique des instruments africains avec une exactitude qui, de toute façon, échappe à toute musique. On ne peut pourtant ignorer que l'accompagnement musical contribue à donner une signification à la fois subjective et traditionnelle aux poèmes.

Au-delà des mots, chaque instrument contribue à faire entendre, comme une ouverture d'opéra, la signification thématique du poème. Ainsi *la kôra** vient, dans les « Épîtres à la Princesse », témoigner de l'insertion du poème dans une problématique qui dépasse l'individu ; son dialogue avec *le balafong**, dans « Congo » (comme dans « Princesse, ton épître... », p. 141 ou dans « Que m'accompagnent kôras et balafong » p. 28) traduit plutôt l'importance et le charme d'un incertain combat ; plus sûrement, le khalam* (p. 147 sq.) exprime une sensibilité en mineur.

Parfois, en revanche, les mots eux-mêmes viennent préciser la connotation affective de tel ou tel instrument : la joie d'une réception officielle (« la paume des tamas* les doigts des balafongs* diront la liesse de ses terres » p. 106), la force d'un déchirement passionnel (« grondaient les tam-tams peints de couleurs furieuses », p. 109 ; « le Barbare rutilant des feux de brousse et de tam-tam », p. 137 ; « les tam-tams roulent, les tam-tams roulent, au gré du cœur », p. 144).

La musique, chez Senghor, a la même importance que le rythme ou la diversité des images et de la langue. Elle contribue à faire du poème une symphonie, apte à traduire toutes les richesses virtuelles ou réelles du monde.

17 Une écriture nègre ? Les mots et la phrase

Chez Senghor, la « Parole rythmée » est à la fois mot, images et musique. Lui-même reconnaît que, dans son processus de création, le mot est souvent premier et que l'idée est, en quelque sorte, amenée au niveau de la conscience à partir du mot ou de la sensation qui émane de celui-ci. Vient ensuite le travail du poète, sur lequel ses confidences, dont il n'est pas avare, sont précieuses : « Quand j'ai à écrire un poème, nous a-t-il confié, je sens une sorte d'appel, une sorte d'obsession et quand j'écris le poème ce qui me vient d'abord, ce sont des images, ce sont des mots, ce sont certaines répétitions, c'est un certain rythme et moi, je dis ma vision. C'est après que j'essaie de m'expliquer à moi-même le sens de mon poème ».

Et, un autre jour, il ajoutait : « Je n'écris de poèmes que lorsque je suis possédé. Il m'arrive alors d'écrire très vite, si vite que je puis à peine me relire. C'est alors un torrent d'images. Mais je me relis, je me corrige. Le professeur reparaît ici et l'amoureux de la « langue des Dieux », du français. Actuellement c'est dans cette relecture, dans cette correction que j'éprouve le plus grand plaisir intellectuel. Le premier jet, le jet nègre est toujours une parturition douloureuse. »

C'est dire combien le travail du poète le préserve de toute écriture complaisamment automatique : son intention n'est pas davantage de faire de l'exotisme, dit-il en présentant son « Lexique », « encore moins de l'hermétisme à bon marché » (p. 427). L'incontestable hermétisme de l'œuvre de Senghor tient moins à la riche disparité de son vocabulaire et au caractère abrupt de sa phrase qu'à la difficulté même de traduire par le moyen de ce qu'il a appelé « le court-circuit poétique », un monde plus réel que le monde visible.

UN VOCABULAIRE ÉCLECTIQUE

La langue de Senghor est une illustration de la diversité des cultures qui ont contribué à la formation du poète. « J'écris d'abord pour mon peuple », dit-il (p. 427), mais avec l'intention d'atteindre aussi les Français « et, par delà mers et frontières, les autres hommes ».

Une langue d'inspiration africaine

Senghor sait que, pour des raisons économiques et culturelles, peu de sénégalais pourront accéder à son œuvre écrite en français. Il n'en a pas pour autant perdu contact avec des termes provenant de son « royaume d'enfance » : ils surgissent, occasionnellement, pour exprimer un sentiment (waï*, n'deissane*), un « mot essentiel » (teddungal*), une fonction ou un fait culturel spécifiques (Dyâli*, lêlé*, yêla*, tata*, kôra*, tama*, guelwâr*, signares*, etc.). N'étant pas accompagnés, comme souvent chez des écrivains africains, d'une périphrase explicative, ils sont comme autant de clins d'œil au lecteur initié aux réalités africaines.

La tonalité sénégalaise est également traduite par le procédé de la nomination* (flore, faune, toponymes) qui n'a pas pour seul objectif de rendre compte de la richesse « exotique » du monde africain ; elle est destinée à rendre perceptible, de l'intérieur, la présence de ce monde. Nombre de termes africains auraient pu trouver leur équivalent en français. Senghor tient à les imposer à son lecteur pour des raisons affectives, et aussi pour lui rappeler « qu'une kôra* n'est pas une harpe » (p. 427), ni un tata*, une muraille, ni l'harmattan* le vent d'est…

Moins évident, mais tout aussi significatif, le procédé qui consiste à « déguiser » sous des transpositions françaises des expressions typiquement sénégalaises. Leur traduction ne rend la connotation exacte que si le lecteur les replace dans le contexte original. Ainsi « Diseur -de-choses-très-cachées* », p. 99 ; « Maître-de-sciences-et-de-langue* », p. 107 ; « l'Élancé* », p. 110 ; « Champs-Méridiens* », p. 148 ; « navire-de-terre » expression mandingue pour « automobile », p. 107 ; « Roses-d'oreilles* », p. 125 ; « narines* », p.100, etc.

Chacun de ces procédés contribue à faire de l'œuvre senghorienne un témoignage aussi discret qu'authentique sur la nature et l'importance de la réalité africaine.

Divers niveaux de français

On constate également une grande diversité de niveaux de langue dans l'usage du français, hors de la tonalité sénégalaise. On note, en effet, le goût de Senghor
- pour les archaïsmes, inspirés ou adaptés du latin, du grec ou de l'ancien français, souvent pris dans leur sens étymologique : néoménie*, lamarques*, mésopotamie*, millésime*, glossolalie*, rédimé*, mitan (milieu, p. 112), flave*, tépide*, labile*, mon vouloir (p. 140) ;
- pour une infinité d'associations sémantiques (« surrection*de la sève », « horizon de verre », « lamantins* aux yeux de mirage », « amours hygiéniques », « jamais tracé sillon ni dogme », « la glossolalie* du chant dansé », « fonds sous-marins des terres ancestrales », etc). Rejoignant les associations d'images surréalistes, ces associations ont pour résultat de créer l'effet poétique recherché ;
- pour les termes rares ou savants (pentagramme*, hiéroglyphe*, et surtout les termes abstraits empruntés aux domaines de la poétique - p. 141 et 142 -, de la politique, de la tradition). Ces termes viennent rappeler la double appartenance de Senghor à une culture de l'abstrait et à une culture du sensible.

L'ensemble du vocabulaire de Senghor donne effectivement l'image d'une poésie dont la diversité presque hétéroclite témoigne de la convergence de quelques choix linguistiques majeurs, au carrefour, une fois de plus, des différentes cultures de Senghor.

UNE PHRASE EN MOUVEMENT

Nous avons déjà noté, à propos du Surréalisme, le goût de Senghor pour une « syntaxe nègre de la juxtaposition ».

On peut y ajouter un goût marqué pour la phrase affective et la poésie du dialogue.

La juxtaposition

Ce procédé que Senghor apprécie, également, chez les Surréalistes) lui permet d'échapper à une structure complexe de la phrase, dans laquelle l'enchaînement des subordonnées équivaudrait à la mise en lumière d'un lien logique, peu en accord avec sa manière de percevoir le monde[1]. Mais ce procédé répond aussi à une autre ambition : le désir d'accumuler, de façon affective, des informations sur un univers dont il veut rendre la richesse perceptible et sur des problèmes dont il veut traduire la complexité. Cet effet accumulatif de la juxtaposition est accentué par l'usage fréquent de l'anaphore[2]. L'emploi systématique des anaphores est particulièrement sensible dans « L'Absente » (« Je ne suis pas... », p. 110 ; « Ma gloire est de chanter... », p. 110-111, « Qu'ils soient néant... » p. 114). Elle est également très fréquente, dans « le Kaya-Magan » (« Paissez mes antilopes... », « Paissez mes seins... », « Paissez faons... », p. 103-105.), dans « Messages » (« Grâces à toi... », p. 107) ou dans les « Épîtres à la Princesse » (« J'ai dessein... », p. 135 ; « Je m'enchantais... », p. 142), etc.

Une phrase affective

Le caractère affectif de la phrase est également rendu par des ruptures de construction, souvent associées à un certain nombre de procédés tels que suppression du verbe (« Car ta seule rivale, la passion de mon peuple/Je dis mon honneur, p. 140), inversion (« Vains seront les paratonnerres », p. 143), utilisation très fréquente d'un « Et... » initial, sans rapport avec ce qui précède, emploi de conjonctions de coordination hors de propos ou détournées de leur sens logique (or, p. 111, 136 ; car, p. 140).

On relève également dans le même ordre d'idées,

---

1. Il est vrai qu'il voit aussi dans « une syntaxe intuitive de coordination et de juxtaposition « (*Liberté I*, p. 214), une caractéristique des langues négro-africaines, par opposition aux langues indo-européennes qui usent d'une syntaxe logique de subordination. La syntaxe négro-africaine favoriserait « ce télescopage des mots, d'où fusent les images analogiques ou symboles » (*Liberté I*, p. 332).

2. Anaphore : répétition d'un ou de plusieurs mots en tête de phrases ou de vers rapprochés, ou encore en tête de fragments d'une même phrase.

l'usage de phrases inachevées (« Si seulement la science du paysan mandingue*..../ Perdu jusqu'au sourire des signares*! p. 146), ou nominales exclamatives (« Voix du tam-tam ! Tam-tam du Gandoun tam-tam de Gambie, et tam-tam de la rive adverse..., p. 145). On note encore l'insertion dans de telles phrases d'un exclamatif qui dispense d'exprimer la pensée (« Ah ! ce cœur de poète, ah ! ce cœur de femme et de lion... », p. 109 ; « Et ta démarche de navire oh ! le vent dans les voiles de misaine... », p. 139).

Ces procédés ont un objectif stylistique précis : tantôt Senghor cherche à isoler la valeur d'un fait objectif ou assez suggestif pour se suffire à lui-même (« Parée du pentagramme », p. 113) ; tantôt il veut suggérer un sentiment (« Il me faut refroidir hâ ! ce sang de poulain », p. 139) : ils établissent un dialogue entre le poète et ce qui l'entoure - humains ou environnement naturel -, « sans hiatus ni césure »[1] (p. 140).

Une poésie du dialogue

Le dialogue s'établit entre le poète et lui-même (« Délices ou douleurs, je ne sais », p. 140), entre Senghor et la Princesse, entre le héros et sa fiancée (p. 149), la Mort et la Vie (p. 149). Il est marqué par le passage constant du « tu « au « je », « je suis », « je dis », « je pense », à des impératifs (« Rythmez », p. 103, « Paissez », p. 107 ; « Dites », « Chantez », « Écoute », etc.) ou à des subjonctifs (« Qu'il donne... », p. 117, « Puisse mon poème... », p. 149). Cette particularité stylistique est caractéristique d'*Éthiopiques* : l'écriture de Senghor témoigne ainsi d'un constant mouvement qui amène le poète d'une culture à une autre, d'un être à un autre, en quête d'une mythique réconciliation avec soi par le moyen d'un incessant dialogue. Tel peut être le sens philosophique d'une vie que suggèrent les deux interrogations en forme de certitudes : « comment vivre sinon dans l'Autre [...] et pourquoi vivre si l'on ne danse l'Autre ? »[2] (p. 144).

1. On remarquera le manque de cohérence de la ponctuation (en particulier dans l'usage ou l'absence de la virgule) qui est peut-être une illustration de cette quête de continuité qui inspire le poète.

2. Voir la définition que donne Senghor de la Négritude : « mouvement qui porte le moi au Toi, la communion du sujet et de l'objet dans l'accomplissement de l'être par complémentarité. « *(Liberté* I, p. 310)

18 Des images rythmées

Parmi les nombreuses définitions que Senghor a données de la poésie, nous retiendrons celle qui en fait « un ensemble d'images analogiques, harmonieuses et rythmées », car elle rend compte de ce qui constitue l'originalité du contenu et de l'écriture de sa poésie.

L'IMAGE ANALOGIQUE

L'Africain communie avec tous les éléments de la nature : « dans ce monde de la participation, les principaux éléments du milieu - l'arbre, l'animal, le phénomène naturel et le fait matériel- sont vécus comme images-analogies, comme symboles. » (*Liberté I*, p. 283.)

Sans définir théoriquement ce qu'il entend par « image analogique », Senghor illustre ce concept dans la « Postface » : « Le mot [...] est image analogique sans même le secours de la métaphore ou de la comparaison. Il suffit de nommer la chose pour qu'apparaisse le sens sous le signe. Car tout est signe et sens en même temps pour les Négro-Africains : chaque être, chaque chose, mais aussi la matière, la forme, la couleur, l'odeur et le geste et le rythme et le ton et le timbre, la couleur du pagne, la forme de la kôra, le dessin des sandales de la mariée, les pas et les gestes du danseur, et le masquer, que sais-je ? » (p. 158-159.)

La distinction occidentale entre le signifiant* et le signifié*, le signe et le sens est, de ce fait, dépassée. L'analogie est affirmation d'une concordance entre l'image et l'être : je dis « Kaya-Magan » et je suis Kaya-Magan (tout le poème est d'ailleurs fondé sur ce jeu d'images analogiques) : « Je suis le Buffle qui se rit du Lion » (p. 105) ; « Tu n'es plus l'Éléphant qui piétines patates douces » (p. 128) ; « Je suis le marigot*au long de la saison. » (p. 150).

Image analogique et personnification

La personnification est un élément constant dans les images de Senghor : identification d'un être humain à un élément (« O ma Nuit ! ô ma Noire ! ma Nolivé ! », p. 131) ou à tous les éléments de la nature considérés comme signifiants dans le contexte du poème :

> Ma Saô* mon amante aux cuisses furieuses, aux longs bras de nénuphars calmes
> Femme précieuse d'ouzougou*, corps d'huile imputrescible à la peau de nuit diamantine.
>
> (p. 101)
>
> [...] je suis le genou au flanc du tam-tam, je suis la baguette sculptée
> La pirogue qui fend le fleuve, la main qui sème dans le ciel, le pied dans le ventre de la terre
> Le pilon* qui épouse la courbe mélodieuse
>
> (p. 132)

Image analogique et juxtaposition

Dans tous les cas l'image analogique a pour objet de rendre compte d'un rapport entre l'être auquel elle s'applique et l'objet qui le traduit dans sa vérité essentielle ; aussi la médiation de la comparaison est-elle relativement rare. De même le poète se dispense souvent du verbe « être » pour affirmer l'identité ; il laisse à celle-ci le soin de s'imposer d'elle-même par la simple juxtaposition, sans être explicitée (« Croupes ondes de soie et seins de fer de lance, ballets de nénuphars et de masques fabuleux », p. 117 ; « Fleurs sereines de tes cheveux, pétales si blancs de ta bouche », p. 102)

Le résultat est que le lecteur se sent invité à participer aux mouvements mêmes de la pensée de l'auteur, à suivre les incertaines impulsions de sa sensibilité, « car l'image est le seul fil qui conduise le cœur au cœur, la seule flamme qui consume et consomme l'âme. De la tête [du Poète], de sa langue, de sa plume, de sa peau jaillissent donc les images comme d'un kaléidoscope, avec la force d'un geyser. Images touffues, changeantes, tournantes, tout en rythmes et couleurs, tout en sucs et sèves : images vivantes. » (*Liberté I*, p. 367).

LE RYTHME

La versification senghorienne est dominée par la recherche du rythme. Senghor se dit « auditif » : « ce qui me frappe, ce qui m'enchante d'abord, dans un poème, ce sont ses qualités sensuelles : le rythme du vers ou du verset, et sa musique », *Liberté I*, p. 335). D'autre part, en tant que poète nègre, il se sent « soumis tyranniquement à la musique intérieure, et d'abord au rythme » (p. 161). A ce qui pourrait n'être que l'expression d'un goût ou d'une aptitude particulière s'ajoute le fait que la poésie négro-africaine est perçue comme Parole première, moyen pour l'homme d'adhérer au cours du monde et d'en épouser le rythme.

Rythme syllabique

Le verset, suite de phrases rythmées d'une seule respiration, découpées dans le texte poétique, est évidemment le mode d'expression qui convient le mieux à cette conception de la poésie.

Senghor n'exclut pas pour autant le recours à une versification de rythme syllabique à l'intérieur du poème :
- **octosyllabes** destinés à rompre le rythme du verset pour faire état d'une constatation ou d'une information importantes (« Mais le poème est lourd de lait », p. 115, ou, mieux la série : « J'ai la confiance de mon Peuple », « On m'a nommé l'Itinérant », « Ambassadeur du peuple noir, me voici dans la Métropole », p. 235) ;
- **décasyllabes**, souvent isolés, destinés à mettre en valeur une idée importante (« Je pense à toi Princesse de Belborg », p. 136, « Tu fleuriras au jardin de mon cœur », p. 146) ;
- **alexandrins** plus ou moins réguliers, empreints de la solennité d'une mission ou d'un geste rituel (« Ma gloire est de chanter le charme de l'Absente », p. 110 ; « J'ai réveillé les concubines alentour », p. 111 ; « Elle a parlé elle s'est tue elle n'est plus/Elle repose maintenant, grande et très droite, p. 146) ;
- **hexasyllabes** (vers de six syllabes), rarement employés seuls, qui ont pour effet généralement de souligner une opposition ou une injonction (« Chair noire de lumière, corps transparent comme au matin du jour premier », en

association avec un alexandrin, p. 131, « Hâte-toi donc Belborg », p. 136 ; « Elle danse elle vit », p. 144). Ils peuvent aussi mettre en relief un détail significatif (« Parée du pentagramme », venant après l'octosyllabe « Vêtue de vert et de nuage », p. 113).

Rythme du verset

Le verset, avec sa richesse et sa puissance pourrait s'opposer aux rythmes syllabiques de la prosodie française : toujours attentif à tous les métissages, Senghor au contraire suggère que « le rythme binaire du vers classique [en principe partagé en deux parties égales] peut rendre le halètement despotique du tam-tam. Il suffit de le bousculer légèrement pour [rompre] le rythme de base » (*Liberté I*, p. 363).

Phrase importante parce qu'elle indique, implicitement, le rôle assigné au verset, de « rendre le halètement despotique du tam-tam », qui, lui-même est chargé de traduire le rythme du monde : « ce qui caractérise le rythme négro-africain c'est précisément son caractère *vital* : la régularité dans l'irrégularité, l'unité dans la diversité, pour tout dire, sa variété sous son apparence de monotonie[1] » (*Liberté* I, p. 281).

La diversité du verset est obtenue par le moyen de la juxtaposition de notations diverses ; par l'accumulation d'images dont la force tient à leur non-concordance et au rebondissement qu'entraîne chacune d'elles, suggestive aussi bien qu'imprévisible ; par la multiplication des allitérations - « la forme de la mélodie la plus naturelle au poète nègre », dit-il -. Le résultat peut sembler aussi lancinant que répétitif. Ainsi ce passage qui illustre bien la façon dont Senghor, avec des moyens verbaux ici limités, parvient à traduire le halètement du tam-tam, la musique du vers, la puissance du verset, la diversité des images et la fascinante monotonie du cours du monde :

1. Voir « Chaka » : Qui parle de monotonie ? La joie est monotone la beauté monotone... » (p. 132) et « Postface », p. 165.

Proues des tam-tams. Les tam-tams se réveillent, Princesse, les tam-tams nous réveillent. Les tam-tams nous ouvrent l'aorte.
Les tam-tams roulent, les tam-tams roulent, au gré du cœur. Mais les tam-tams galopent hô ! les tam-tams galopent.
Princesse nos épaules roulent sous les vagues, nos épaules de feuilles tremblent sous le cyclone
Nos lianes nagent dans l'onde, nos mains s'ouvrent nénuphars, et chantent les alizés* dans nos doigts de filaos*
(p. 144)

19 Une sagesse pour l'Afrique

Derrière toute poésie à dimension épique, se profile le cheminement d'un homme ou d'un peuple vers un renouveau, vers le retour à une sagesse individuelle ou nationale. Tel est bien le cas d'*Éthiopiques*, légende des siècles passés et de l'Afrique future.

LES LEÇONS DE L'HISTOIRE

De l'épopée, *Éthiopiques* a bien des éléments : la dimension de merveilleux, la grandeur du combat livré par un peuple, le recours à des héros aux dimensions mythiques et en même temps l'insertion dans un espace géographique précis et dans un temps historique. Après les combats héroïques des premiers temps et les espoirs d'une victoire définitive de l'homme sur les « forces imbéciles » (p. 101), survinrent « les malheurs de ma race [...] Et le désastre » (p. 118). Aux combats héroïques des cavaliers qui « tombèrent debout les yeux grands ouverts au chant des griots* » (p. 138) ont succédé les « querelles intestines » (p. 136) - « les querelles des clans les querelles des castes [...] les ruses des peuples-de-la-Mer* » (p. 140). Le présent de l'Afrique est illustré par la vision du manoir de Dyilôr* abandonné, les portes battantes (p. 138) et par l'angoisse qui étreint le poète de devoir un jour vieillir « comme [son] père dans la solitude des larmes/Cependant qu'herbes et serpents devisent dans le gynécée* » (p. 146).

À l'écoute des prophéties qui présentaient les malheurs successifs de l'Afrique comme une sorte de châtiment divin, voulu par le « Dieu juste », la tentation serait grande d'abandonner le combat et de se réfugier soit dans le souvenir d'un amour heureux, soit dans une Afrique mythique, « surtout pas ici » (p. 143).

Le recours à l'Amour purement sensuel (« ma force s'érige dans l'abandon, mon honneur dans la soumission », p. 102) ne suffit pas. La rédemption de l'Afrique se fera quand le temps sera venu, au terme d'un long et pénible chemin et au prix de nombreux renoncements. Il faudra sacrifier le bonheur personnel (« Ah ! ce cœur de poète, ah ! ce cœur de femme et de lion, quelle douleur à le dompter », p. 109) ; il faudra renoncer à accélérer le cours du temps (p. 113) ou à bâtir des projets trop ambitieux que « le feu du ciel ruinera dans la minute » (p. 145) ; on devra accepter de considérer comme « choses graves » (p. 136) le simple respect de traditions surannées (tout en essayant de les moderniser, p. 107). Autant de comportements, de renoncements dictés par la patience, qui, à leur manière, comme le tam-tam et la rigueur morale, constituent « la force de l'Afrique future » (p. 105). D'une Afrique qui retrouvera son unité si elle sait ne jamais renoncer aux « temps très anciens » (p. 117) tout en percevant la vanité des rêves d'épopée.

LE HÉROS ET L'ACTION

Le projet politique dont Senghor est le protagoniste est aussi un projet moral. Chaka (auquel il s'identifie) a retenu les enseignements de l'histoire. Son objectif est clair : il a pour devoir de réorganiser la « basse-cour cacardante* », de prévoir les semailles de demain (p. 120). Il doit apprécier et combattre si nécessaire les apports de la colonisation, préserver les droits de la terre d'Afrique, violée par l'exploitation industrielle (p. 124) et les droits des hommes réduits à la misère par une humiliante ségrégation (p. 124). Il doit imposer le respect de la probité et de la parole donnée (p. 125).

Mais comment y parvenir ? Tout le problème est celui des moyens de l'action. Le meurtre de Nolivé est symbolique et s'insère dans une problématique d'ordre moral : l'action, quels qu'en soient les motifs (quête égoïste du pouvoir, p. 123, ou abnégation de celui qui ne peut « rester sourd à tant de souffrances bafouées », p. 124), impose un douloureux sacrifice. « Le pouvoir ne s'obtient pas sans sacrifice », suggère le devin (p. 123) et aussitôt, « une voix, comme de Chaka, lointaine », lui fait écho. Chaka se soumet au destin : « il faut mourir enfin, tout accepter » (p. 123).

C'est au prix d'un douloureux effort sur soi, après avoir « ceint [ses] reins, affermi les remparts de [son] cœur » (p. 108) que l'homme d'action engage son pays sur le chemin de l'honneur et de la rédemption : « Honneur au Fouta* rédimé*! » (p. 109). « La souffrance acceptée d'un cœur pieux est rédemption » (p. 125).

Une morale individuelle se fonde, chez Chaka comme chez Senghor, sur la volonté d'échapper à la faiblesse. Pour le premier, « le plus grand mal, c'est la faiblesse des entrailles » (p. 121), la lâcheté devant la décision à prendre. Quant à Senghor, il a honte d'entendre les jeunes filles chansonner sa faiblesse (p. 141). Chaka a besoin d'« échapper au doute » (p. 121) ; Senghor, à peine éloigné de la Princesse, « regrette déjà [ses] éclats, la prison de [son] charme », p. 141). Mais tous deux parviennent à dépasser le vouloir vivre. Ils découvrent que l'empire d'Amour, s'il ne se limite pas à la force de l'élan sexuel, permet à l'homme de surmonter « cette angoisse de la gorge, lorsqu'on est nus l'un devant l'autre » (p. 131). L'amour permet de découvrir « l'âme dévêtue jusqu'à la racine et au roc » (p. 132), « brûlant le poids du corps, faisant l'esprit aigu le cœur candide » (p. 138). Dès lors la splendeur de l'Amour, sublimé, peut apparaître en pleine lumière. C'est en acceptant sa mort, celle de Nolivé ou de la Princesse, réelle ou non, que le héros soutenu par un amour idéal, se dépasse et devient le Lion.

Sous les yeux de la femme réelle, – de « la Présente », de « la Souriante » – « le diamant [...] naît des cendres de la Mort » (p. 114) ; le doute est oublié, les déchirants débats dépassés : le poète est prêt pour l'Action, fort d'une morale et d'une sagesse fondées sur une perception plus efficace de l'Amour, qui devient un révélateur de soi...

Telle est la leçon qui, au sortir du « purgatoire du Poète » (p. 129), se dégage pour l'Afrique. Chaka et Senghor ont, tous deux réalisés les conditions nécessaires pour se consacrer, sans arrière-pensée ni arrière-désir à « [leur] peuple noir » (p. 126), « à [leur] Peuple, à [leur] honneur » (p. 141), alors que se lève « là-bas le soleil au zénith sur tous les peuples de la terre. » (p. 133)

20 Une poésie de l'Universel

« Chaka » se termine par l'évocation de « tous les peuples de la terre » (p. 133). L'Afrique semble pourtant être la principale préoccupation de Senghor, plus nettement dans *Éthiopiques* que dans les livres précédents. Mais la critique des méfaits de la colonisation (p. 112-113, p. 122-125, p. 140, p. 142) n'exclut pas l'attachement de Senghor au monde de la Princesse. Bien plus, son choix sera sans ambiguïté, lors de l'apocalypse nucléaire (p. 142) : « le deuil du Septentrion* sera mon deuil. J'ai offert mes yeux à la nuit pour que vive Paris. » (p. 142)

POUR UN MÉTISSAGE CULTUREL

L'entrelacement des réminiscences (p. 102, p134-135), le fait même que le dernier message de la Princesse soit celui qu'aurait pu écrire Senghor, « Prince noir » (p. 145) suffisent à rappeler combien les deux composantes, culturelle et affective, de Senghor sont indissociables. Dès le début, sur le paquebot qui emportait Senghor vers l'Afrique, « les machines » associaient le nom de la Princesse et celui de « l'Afrique nocturne » (p. 134). A la fin des « Épîtres », à nouveau, la voix multiple du tam-tam africain « dit Paix ! et proclame [le] nom [de la Princesse] » (p. 145). Le rôle de celle-ci est clair : constamment liée à l'Afrique, la Princesse est placée sous le signe de la paix, de la « résurrection de Dyilôr* » (p. 138), de la prise de conscience chez Senghor d'une unité retrouvée.

En fait, il s'agit plutôt d'une unité nouvelle. En témoigne le fréquent constat d'un dialogue des cultures qui s'établit entre Senghor et la Princesse : Senghor est « quelqu'un qui a beaucoup vu et veut beaucoup apprendre » (p. 135) ; animé par le désir « de mieux apprendre ton pays de mieux t'apprendre » (p. 137), il souhaite entendre chanter les deux pays « à l'unisson » (p. 138), être avec la Princesse « le Ciel et la Terre » (p. 144). Le désir d'un dialogue assurant le métissage des êtres et des civilisations s'impose. Il motive tout le comportement du poète.

DÉFENSE DE L'HOMME

Mais c'est de l'homme qu'il s'agit. Dans *Éthiopiques* comme dans le reste de l'œuvre de Senghor, la présence de l'Afrique (garantie d'authenticité) est associée à un refus de l'exotisme : en parlant de son Pays noir, Senghor, en humaniste, ne perd jamais de vue l'humaine condition. Qu'il évoque la crise des civilisations, le rôle du poète ou les affrontements primordiaux de l'Homme et de la Bête, il a en vue le nécessaire combat contre « les forces imbéciles » (p. 101), contre les passions débordantes (p. 145), le respect du devoir et la pratique de l'abnégation. Son désir de « lire la sagesse » (p. 116) ne se limite pas à la sagesse africaine, même s'il y trouve sa source immédiate. La leçon du livre se trouve dans la « sagesse » de Chaka qui associe une « négritude » (p. 121) fervente à un humanisme lucide et généreux :

> Ce n'est pas haïr que d'aimer son peuple.
> Je dis qu'il n'est pas [...] de paix sous l'oppression
> De fraternité sans égalité. J'ai voulu tous les hommes frères. (p. 125)

Cette inspiration « catholique » (au sens étymologique d'« universel ») n'est pourtant plus « la Marseillaise catholique » de naguère, ce violent chant de guerre (p. 61). L'évolution de Senghor l'amène désormais à chanter l'Amour universel, sublimé par le nécessaire sacrifice des aspirations individuelles.

Livre de l'abnégation et de la confiance, placé sous le signe de l'attente d'une « Absente » qui n'est pas seulement la Mère ou l'Amante-Afrique, *Éthiopiques* dit aussi la certitude de la Présence universelle de la vie, présence et promesse à la fois.

LEXIQUE[1]

Ce lexique comporte :

- tous les termes (empruntés exclusivement à *Éthiopiques*, quelques uns seulement à la « Postface ») concernant l'Afrique ou l'environnement culturel de Senghor, dont la connaissance semble indispensable à la compréhension de l'œuvre[1]. Nos commentaires sont parfois en relation avec le contexte du poème. Les termes qui n'apparaissent qu'une ou deux fois dans le livre sont accompagnés de l'indication de la page où on les trouvera, dans notre édition de référence d'« Éthiopiques » in *Œuvre poétique*, coll. « Essais », Éd. du Seuil ;
- un certain nombre de termes, appartenant au lexique de la critique littéraire et de l'histoire de la civilisation africaine.

Tous ces termes sont suivis d'un astérisque* dans le « Profil ».

1. Voir également le bref lexique proposé par Senghor à la fin de notre édition de référence et les lexiques portant sur l'ensemble de l'œuvre poétique, de G. Gawdat Osman : *L'Afrique dans l'univers poétique de Senghor*, N.E.A., 1978. R. Jouanny, *Les Voies du lyrisme dans les poèmes de Senghor*, Éd. Champion, 1986. L. Kesteloot, *Comprendre les poèmes de Senghor,* Classiques africains, 1986.

Ablution : lavage du corps, en vue d'une purification religieuse, en particulier dans la religion musulmane (p. 147).
Albinos : nègre blanc, suite à une absence de pigmentation de la peau. Les albinos sont considérés avec crainte, en Afrique, comme des êtres un peu surnaturels, qui portent malheur ou bonheur selon les pays (p. 148).
Alizé : vent frais et constant, soufflant généralement de l'Est vers l'Ouest, sur la partie orientale de l'Atlantique, entre les Tropiques Nord et Sud.
Allitération : procédé généralement poétique, répétition des consonnes initiales, entre des mots relativement rapprochés (ex. « L'Absente », II, vers 6-7) (p. 140).
Almamy : de l'arabe « al imam », souverain théocratique d'États islamiques. Samory, héros de la lutte contre la colonisation française (vers 1837- 1900) porta ce titre au Soudan. Les Almamys du Fouta* combattirent les Mandingues animistes* au XVIIIe siècle (p. 138).
Animisme : comportement religieux qui consiste à attribuer une âme, voire un pouvoir surnaturel aux choses et à la nature ; d'où l'adoration des fétiches, des fontaines, des arbres, etc. Le fond religieux africain, en dépit de l'islamisation et de la christianisation, demeure, en effet, imprégné d'un animisme, qui ne s'oppose d'ailleurs nullement aux religions monothéistes.
A.O.F. : Afrique occidentale française, nom donné de 1895 à 1958 à la fédération des colonies françaises de l'Ouest africain (Sénégal, Guinée, Côte-d'Ivoire, Soudan - aujourd'hui Mali-, Dahomey - aujourd'hui Bénin-, Haute-Volta -aujourd'hui Burkina Faso -, Mauritanie et Niger) devenues indépendantes à partir de 1960.
Aptère : dépourvu d'ailes (p. 151).
Assimilation : la politique d'assimilation préconisée par la gauche française dès les années 30 envisageait l'attribution de la citoyenneté française et de tous ses droits aux peuples colonisés, ce qui revenait à les « élever » - progressivement- au niveau des français métropolitains, aux dépens de leur civilisation et de leurs traditions. Théoriquement généreuse, cette politique fut vite considérée par les Africains comme une forme d'aliénante acculturation (acquisition d'une culture d'emprunt au dépens de la culture première) et rejetée comme telle : (« que mon sang ne s'affadisse pas comme un

assimilé comme un civilisé » dit Senghor dans « A l'appel de la race de Saba », (*Hosties noires*).

Assise : ville de Toscane (Italie), patrie de Saint-François (XIIIe siècle), apôtre de la pauvreté évangélique et de l'amour de toutes les créatures (p. 143).

Ave Maria :« Je vous salue Marie... », début d'une prière catholique (p. 153).

Baïdé (lac) : lac au nord-est du Sénégal (p. 108).

Bakel : ville du Galam, région située sur la rive droite du fleuve Sénégal, voisine de la frontière du Mali, réputée jadis pour ses mines d'or (galam : or, en wolof*) (p. 108).

Balafong (ou balafon) : instrument de musique à percussion, sorte de xylophone, à gamme non tempérée, constitué de lames de bois fixées sur des calebasses qui servent de résonateurs.

Ballet des circoncis : voir Circoncis.

Bantous : on désigne sous ce nom un grand nombre de populations africaines vivant, approximativement au sud de l'Équateur (du sud-Cameroun à l'Afrique du sud) et parlant des langues apparentées. Leur unité est linguistique et non ethnique (p. 118).

Barrit (ou barrissement) : cri de l'éléphant, ici du lamantin (p.148).

Baoulé : ethnie du centre de la Côte-d'Ivoire, célèbre par le « masque baoulé » découvert par Picasso en 1906, qui marque le début de l'intérêt pour l'art nègre (p. 128).

Bayété, Bàba : « gloire au chef ». Exactement « bayété » signifie « héros » (« à mi-chemin entre hommes et dieux ») et « baba » désigne respectueusement toute personne détentrice d'un pouvoir moral ou matériel (chef, père, ancien).

Belborg : nom à consonance scandinave, inventé par Senghor, pour rappeler le peuplement wiking de la Normandie et les origines familiales de son épouse.

Beleup : titre de noblesse dans l'ancien royaume du Saloum (p. 106).

Betteville (Marquise de) : peut-être faut-il lire Bretteville, du nom d'un village de Normandie, proche de Caen (Calvados) et de Verson, demeure de la famille de Mme Senghor, plutôt que Betteville, village de Seine-Maritime (p. 134).

Bis : d'un gris proche du brun ; se dit du « pain bis » parce qu'il contient du son (p. 105).

Blason : le blason féminin est un genre poétique du XVIe siècle, proposant la description détaillée de la beauté d'un corps de femme.

Bosse du grand mâle : la bosse caractéristique des bovidés africains (zébus) est considérée comme la partie la plus délicate de l'animal.

Boubou : vêtement traditionnel assez ample, porté, surtout, à l'origine, en pays musulman, par les hommes et parfois par les femmes (p. 152).

Cacardant : criant (se dit des oies) ; familièrement appliqué à une foule qui jacasse (p. 120).

Campement : lieu d'hébergement, de confort sommaire, destiné à recevoir les hôtes de passage, en dehors des grandes agglomérations.

Cap-Vert : cap extrême-occidental du Sénégal, proche de Dakar, ainsi nommé en rapport avec les îles du Cap-Vert, de colonisation portugaise qui, lui font face, en plein Océan Atlantique (p.109).

Casamance : région boisée et fleuve du sud du Sénégal (p. 141).

Cassia : buisson ou arbre à grappes de fleurs jaunes, de la famille du mimosa (p. 112).

Caste : le système des castes, sans être aussi rigoureux et systématique qu'en Inde, se retrouve en Afrique, tout particulièrement au Sénégal. Il divise la société en castes héréditaires, fermées et hiérarchisées, de la plus noble, celle des guerriers, aux castes les plus basses qui sont celle des forgerons et celle des griots*. (p. 140)

Cauri : petit coquillage qui servait de monnaie, de parure traditionnelle et de support de pratiques divinatoires (p. 103).

Césaire, Aimé : écrivain et homme politique français, né en 1912, originaire de la Martinique, auteur entre autres du *Cahier d'un retour au pays natal* (1939), ami de Senghor, a été avec lui aux origines du combat pour la Négritude. (« Postface », *passim*).

Chaka : chef zoulou (1787-1828) qui constitua un empire éphémère, militairement organisé (voir chap. 10).

Champs-Méridiens : champs du midi, traduction du nom d'un grand champ qui appartenait au père de Senghor; dans *Éthiopiques*, ce dernier désigne ainsi le royaume des Morts, midi étant, dans la tradition africaine, l'heure propice aux Esprits (p. 148).

Cimier : ornement qui forme la partie supérieure d'un casque (p. 151).

Circoncis : la circoncision donne lieu à des cérémonies communautaires à valeur de rituel initiatique; elle se pratique au moment de la puberté et réunit les jeunes gens du village qui sont à peu près du même âge (ils constituent la « classe d'âge »); elle correspond au passage à l'âge adulte, de l'ignorance à la connaissance.

Clan : on désigne ainsi un groupe social fondé sur la parenté, tous ses membres se reconnaissant descendants d'un ancêtre commun, d'un animal ou d'un végétal, qui peut être le totem, donc le protecteur du clan. Dans la pratique de la vie quotidienne contemporaine, tout en ayant perdu de sa force religieuse, la structure clanique subsiste sous la forme des liens familiaux et du devoir d'entraide qui s'impose aux membres d'une même famille (p. 140, 145).

Cochlospermum : espèce de liane rampante à fleurs jaunes (p. 112).

Concorde : place de la Concorde, au cœur de Paris (p. 143).

Contretemps : en prosodie ou en musique, cas où l'accent d'intensité tombe sur la partie faible d'un temps, sur une syllabe où il ne devrait pas tomber. Il produit un effet de surprise et est généralement suivi d'un silence.

Coryphée : chef du chœur dans le théâtre antique; organisateur de la célébration d'un rituel (p.103, p.127-133).

Cosmogonie : théorie (et plus particulièrement dans la tradition des griots*, récit mythique) rappelant ou expliquant les origines du monde.

Courtois : on appelle poésie courtoise une forme de poésie du Moyen Âge qui, dans les cours seigneuriales, exalte subtilement l'amour et détaille de façon raffinée la beauté morale et physique de la femme. Cette forme d'écriture poétique se retrouve dans la poésie orale africaine, en particulier chez les Sérères.

Couscous : le mot est d'origine arabe, mais son usage s'est étendu à toute l'Afrique pour désigner une préparation à base de grains de mil ou de maïs pilés (p. 123).

Crocodile (ancêtre) : animal totémique dans une société fondée sur le régime des clans*.

Croissant de lune : l'un des symboles de la déesse égyptienne Isis, elle-même perçue comme la Mère universelle (p. 105).

Damas, Léon-Gontran (1912-1978) : poète originaire de la Guyane, fut lié avec Césaire et Senghor au moment des premiers combats pour la Négritude. Sa poésie (*Pigments*, 1937) est violente par son vocabulaire, ses cris de révolte et son rythme haché (« Postface », p. 164).

Dan : peuple de la région frontalière entre la Côte d'Ivoire et le Libéria (p. 116).

Danestal : petite ville du Calvados (Normandie) (p. 134).

Départementalisation : politique d'assimilation (voir ce mot), défendue par Césaire aux Antilles qui valut à celles-ci d'être considérées comme « Départements d'Outre-Mer » (DOM) et aux habitants de devenir citoyens français à part entière, avec les avantages matériels correspondants, sans pour autant être moralement libérés de leur sentiment de colonisés.

Déclive : employé comme adjectif : en pente, oblique (p. 109).

Dichotomie : division entre deux éléments que l'on partage et oppose nettement, l'un excluant l'autre.

Dina : personnage féminin (imaginaire ?) , à rapprocher, avec Halvor*, de la « geste des Wikings* » évoquée par Senghor (p. 141).

Diseur-des-choses-très-cachées : désigne un initié du degré le plus élevé. L'initiation* comporte différents degrés. Seuls, ceux qui atteignent le degré le plus élevé ont accès à tous les secrets de la connaissance et de la création du monde.

Djenné : ville du Mali, sur le Niger, jadis capitale de l'Empire Songhoï, fut avec Tombouctou un centre culturel important (p. 149).

Dogon : peuple du Mali, qui retient l'attention des ethnologues par l'importance de son art rituel (statuettes et masques) et surtout des textes transmis par la tradition, dans lesquels s'expriment une cosmogonie et une philosophie très élaborées (p. 157).

Dyôb (ou Diop) : nom de famille courant au Sénégal (p.106).

Dyakhâw : ancienne capitale du royaume de Siné*, au Sénégal (p. 148).

Dyâli : terme mandingue*, désignant le griot* de cour, musicien et généalogiste. Sous la plume de Senghor, il équivaut au terme de troubadour et apparaît comme celui qui est chargé de conserver et transmettre les traditions ancestrales (p. 110).

Dyêri : terme peul* qui désigne la brousse sèche, par opposition aux terres inondables proches du fleuve Sénégal (p. 108).

Dyilôr : village de l'intérieur du pays sérère où le père de Senghor possédait une résidence (p. 138, 153).

Élancé : « le canon de beauté des Sérères* est le jeune homme grand, élancé et très noir » (Senghor). Généralement, les jeunes hommes qui participent à des concours de lutte sont désignés dans les chœurs de jeunes filles par un qualificatif correspondant à leurs qualités physiques ou morales (p. 110, p. 151).

Élissa : village de Haute-Guinée, « nid de faucons défiant la superbe des Conquérants », haut- lieu de la mythologie senghorienne. Il fut l'enjeu d'une guerre entre Mandingues* et Peuls* et à l'origine de l'installation des Mandingues, vaincus, en pays sérère*. Parmi eux, « le grand'père de mon grand'père », un des Anciens d'Elissa (p. 138).

Élyme : graminée, proche de l'orge qui pousse dans les lieux arides et dont une variété sert à fixer les dunes (p. 110, 150).

Élytre : terme de zoologie, désigne l'aile supérieure dure de certains insectes qui, au repos, protège l'aile inférieure, membraneuse (p. 112).

Épizootie : épidémie des animaux domestiques (p. 140).

Ermenonville : petite ville entourée de forêts, au nord de Paris. Rousseau y vécut (p. 102).

Éthiopienne : nom sous lequel Senghor désigne la Reine de Saba qui, venue de son royaume situé par la légende au

Yemen, aurait rendu visite à Salomon, roi d'Israël au Xe s. av. J.-C. (*Bible*, 1er livre des Rois, 10). Salomon était célèbre pour sa sagesse, son talent de poète (auteur présumé du « Cantique des Cantiques ») et sa richesse. Elle lui aurait apporté de somptueux cadeaux et aurait eu de lui un fils nommé Menelik (il est vrai que la Bible prête mille femmes à Salomon...). L'histoire de ce personnage mythique est reprise dans le *Coran* qui la nomme Balkis et dans une légende éthiopienne qui la nomme Makeda. Elle occupe une place majeure dans l'œuvre de Senghor, en raison du rôle qu'il attribue à l'Éthiopie - et avec elle au continent africain- dans sa théorie de la rencontre des civilisations et du métissage culturel. Voir Frobenius*.

Euphuïsme : à partir du livre du poète anglais J. Lyly, *Euphues ou l'Anatomie de l'esprit* (1578), écrit dans un style très maniéré, ce mot a pris de sens de jeu de l'esprit gratuit, stérile et raffiné. (p. 141)

Fadyoutt : village sénégalais situé en face de Joal*, sur une île qui, bien que reliée par un pont à la terre, n'est guère accessible que par des pirogues (p. 103).

Fa'oye (ou Fa'oy) : village proche de Joal*, où se trouvent des sanctuaires et des tombes d'anciens guelwars* (p ; 148).

Filao : conifère élancé qui pousse dans un terrain aride et est utilisé pour fixer les dunes (p. 144).

Flamboyant : arbre ornemental aux fleurs d'un rouge éclatant (p. 111).

Flave : latinisme, de teinte jaune (p. 112).

Flûte d'orgue : l'orgue* est un orchestre entier, dont les tuyaux se classent en familles de jeux. Les jeux flûtés ont une fonction surtout mélodique (p. 153).

Fort : les portugais, premiers colonisateurs du pays, élevèrent sur la côte atlantique du Sénégal de nombreux forts destinés à protéger leurs garnisons. L'un d'eux domine Joal*. La présence des Portugais dans sa ville natale suffit peut-être à rendre compte de cette lointaine ascendance portugaise que revendique le poète (p. 153).

Fouta : nom générique de montagnes sénégalaises ; on distingue le Fouta-Djallong, au sud du Sénégal et le Fouta-Damga* (p. 109).

Fouta-Damga : partie orientale du Fouta*, région du nord du Sénégal, sur la rive gauche du fleuve Sénégal (p. 109).

Fragrant : latinisme rare, agréablement parfumé (p. 152).

Frobenius, Léo (1873-1938) : ethnologue allemand, foncièrement antirationaliste, s'attachait à étudier la genèse des différentes formes de culture à partir de données affectives et non d'une évolution rationnelle ; il fondait les civilisations française et anglaise, sur un certain pragmatisme, les civilisations allemande et éthiopienne sur une philosophie du Réel. Auteur d'une histoire universelle qui réservait une part belle à l'âme éthiopienne, plus ou moins confondue avec l'âme nègre, il transformait l'opposition Afrique/Europe en une opposition poésie/non-poésie et, ce faisant, il libérait les jeunes Africains de leurs complexes. Rapprochant l'âme éthiopienne de l'âme allemande, il dissipait un vague sentiment d'infériorité, voire de culpabilité à l'égard du « modèle français » : « en le lisant, nous faisions sauter tous les volcans de l'Éthiopie », écrit Senghor. L'exaltation de l'Ur-Afrika (Afrique primitive) justifiait le dialogue d'égale à égal de la Reine de Saba* avec le roi Salomon.

Gambie : fleuve, région et État, ancienne colonie anglaise enclavée dans le territoire sénégalais. Un frère de Senghor y habitait (p. 135).

Gandoum : îles à l'embouchure du fleuve Saloum* qui traverse la région du même nom, ancien royaume sérère, limitrophe du royaume de Siné (p. 145).

Gît-le-Coeur : rue du Vieux Paris, dans le Quartier Latin (p. 143).

Glossolalie : don de parler des langues inconnues, sans les comprendre (p. 100).

Glotte : orifice du larynx servant à l'émission de la voix. (p. 141).

Gommier : nom générique de tous les arbres qui produisent une gomme suintant de leur écorce (acacia, mimosa, eucalyptus). La « gomme du Sénégal » provient d'un acacia dont les branches épineuses, dépourvues de feuillage vert, souffrent des tornades brûlantes du désert (p. 106, 108, 135).

Gongo : mot wolof, désigne une sorte d'encens en poudre, que l'on utilise comme parfum, dans de petits sacs, sur la peau (p. 102).

Gonneville-sur-Merville : village du Calvados en Normandie, aujourd'hui, Gonneville-en-Auge (p. 146).

Goyave : fruit doux et sucré, surtout antillais (p. 134).

Grand-Dyarâf : haut dignitaire de la suite du roi de Siné. Responsable des hommes libres, il participait à l'élection du roi (p. 107).

Grande-Rayée : l'un des tam-tams, ainsi nommé probablement en raison de son aspect (p. 100).

Greta : prénom féminin d'origine allemande (p. 140).

Griot : le griot, surtout fréquent dans l'Afrique du Sahel, appartient à une caste* inférieure. Musicien et chanteur de cour il a pour rôle de transmettre la poésie orale et généralement de rappeler interminablement la glorieuse généalogie de son protecteur (aujourd'hui un riche notable), en remontant le plus souvent aux origines mythiques du monde. Son art, très traditionnel, est régi par les règles de la griotique. (voir dyali*) (p.138).

Guélowâr (ou guelwâr) : mot sérère* signifiant « énigme », appliqué, probablement en raison de son origine mystérieuse, à une famille aristocratique mandingue*, venue du Mali au royaume du Gabou. Des descendants de cette famille émigrèrent au XVIe siècle en pays sérère où ils fondèrent des royaumes. Le mot a fini par désigner simplement de nobles et vaillants guerriers.

Gueules : sur les écus du Moyen Âge, désigne la couleur rouge (p. 145).

Guimm : mot sérère*, chant, poème.

Guinée : état limitrophe du Sénégal; employé comme nom commun, monnaie de cet état; sert aussi à désigner une toile de coton bleu foncé, à usage vestimentaire. (p. 142).

Gynécée : appartement des femmes dans l'Antiquité (p. 146).

Halvor : nom à consonance scandinave qui rapproché de Dina*, permet à Senghor d'évoquer quelque épopée ou poème courtois wiking*, apparemment imaginaires (p. 141).

Harlem : quartier noir de New York (p. 116).

Harmattan : vent chaud, « vent du désert sur le pays », très desséchant ; l'harmattan, après avoir traversé tout le continent africain, souffle en général entre novembre et juin.

Hiérogamie : ce mythe païen d'une union avec une puissance divine est fondé sur la conviction que le salut et la source de vie seront donnés à l'être humain s'il s'unit à un dieu, sans réserve, dans un rapport mystique, véritable mort à soi, dans l'ivresse ou l'extase.

Hiéroglyphe : caractère de l'une des plus anciennes écritures de l'Égypte (p. 105, p. 114).

Hippotrague : grande antilope de savane, dotée d'une crinière (également appelée antilope-cheval) (p. 135).

Hivernage : saison des pluies (de juin à octobre). Voir la définition de Senghor, dans son *Œuvre poétique*, p. 227. L'hivernage est la saison des semailles, dans une terre qui, pendant la saison sèche a reçu souvent pour seul engrais des cendres dispersées (pratique responsable du déboisement de l'Afrique) (p. 120).

Homéotéleutes : succession de mots qui ont des finales à consonance identique ; ce procédé est, comme l'alliltération, assez fréquent dans la poésie orale. (p. 141).

Houphouët-Boigny (1905-1993) : compagnon de Senghor dans les combats pour l'Afrique, devenu président de la Côte d'Ivoire en 1960.

Hysope : plante méditerranéenne dont les fleurs servent d'infusion. Souvent citée dans la Bible (p. 116)

Idéogramme : signe, représentation graphique d'un objet servant à traduire une idée (p. 140).

Iguane : petit reptile tropical carnivore, dont la chair est comestible (p. 101).

Impaludée : atteinte de paludisme. On emploie toutefois le terme d'impaludation également pour désigner l'inoculation thérapeutique du paludisme (forme primitive de vaccination). Le terme d'impaludée pourrait aussi signifier « protégée du paludisme », atteinte par le mal, mais capable de le dominer (p. 102).

Implosive : terme de phonétique. Les consonnes implosives sont celles à tension décroissante à la fin d'une syllabe (l, r) à l'opposé des explosives (p, t), à tension croissante au début de la syllabe (p. 141).

Initiation : la plupart des religions africaines sont fondées sur la révélation progressive, au cours de rituels initiatiques, de connaissances secrètes, réservées aux seuls initiés. Certains de ces rituels sont surtout tribaux, de caractère à la fois social et religieux, et, comme la circoncision, sanctionnent le passage de l'adolescence à l'âge adulte ; d'autres permettent l'accès à des sociétés secrètes ou à des confréries fermées (sociétés de chasse par exemple) et ont un caractère à la fois religieux et professionnel (révélation de secrets de métiers) ; d'autres enfin permettent d'accéder à la connaissance et à l'exercice de pouvoirs surnaturels (initiations magiques). Les masques, les scarifications sur le visage rendent souvent compte des degrés d'initiation atteints par ceux qui les portent. Encore très pratiqués dans les sociétés les plus occidentalisées, les rituels initiatiques demeurent protégés par un secret jalousement gardé.

Initié : voir initiation.

Joal : village natal de Senghor, sur la côte atlantique (aujourd'hui Dyong) (p. 153).

kaïcédrat (ou caïlcédrat) : grand arbre de la savane africaine dont le feuillage produit de l'ombre. Son bois rouge est connu comme « acajou du Sénégal ». On prête à son écorce des vertus thérapeutiques (maux de ventre).

Katamague : palmeraie proche de Dyilôr*, fréquentée par les lamantins* (p. 148).

Kaya-Magan : titre que portait le roi de l'ancien empire du Mali* ; personnage mythique, célèbre pour sa richesse (l'expression signifierait « roi de l'or »). Voir l'analyse du poème « le Kaya-Magan » (p. 19.)

Kaymôr : village sérère* du Saloum* (p. 106).

khakham : mot wolof *, désigne une ronce tropicale de la savane, avec de petites boules piquantes. (p. 138)

khalam : mot wolof*, sorte de guitare à quatre cordes, utilisée pour accompagner les poèmes élégiaques (p. 149).

Khasonkée : nom de femme, d'origine mandingue*, ethnie installée à l'est du Sénégal (p. 108).

Kilimandjaro : point culminant de l'Afrique (5963 m.), situé en Tanzanie (p. 121).

Kôra : sorte de harpe-luth à 16 ou 32 cordes, à gamme tempérée. Les cordes superposées sont fixées sur un long manche et d'une calebasse tendue de peau de chèvre, jouant le rôle de caisse de résonance. Elle accompagne surtout la poésie épique.

kôriste : joueur de kôra* (p. 114).

Koyaté : groupe ethnique de kôristes réputés. Le nom est devenu un patronyme fréquemment utilisé, pour désigner des griots* (p. 101).

kraal : mot afrikaans (Afrique du Sud), parc à bétail et par extension quartier sale et misérable où devaient loger les travailleurs noirs immigrés affectés aux mines d'or et de diamant. (p. 124)

Labile : latinisme, prompt à tomber ou à changer (p.140, 141).

Laetare Jerusalem et... : « réjouis-toi, Jérusalem et... », début d'un cantique chrétien qui se poursuit ainsi : « Réjouissez-vous avec Jérusalem et jubilez à cause d'elle, vous tous qui l'aimez; soyez avec elle transportés d'allégresse, vous tous qui menez son deuil... » (Isaïe, 66, 10, trad. Osty de la Bible, 1973). Jadis chanté lors de la messe du quatrième dimanche de Carème, le *Laetare* est un chant d'espérance; il prépare à la grande solennité de Pâques qui marquera la résurrection de Jésus et, par la communion pascale, celle des fidèles. Senghor fait allusion à cette résurrection et aux fêtes qui l'accompagnent. Il est amer d'être « plein de ténèbres » alors que tout est en joie (p. 152).

Lait de coco : jus laiteux extrait de la chair rapée de l'amande mûre de la noix de coco, utilisé dans la préparation de boissons et de sorbets (p. 152).

Lamantin : grand mammifère aquatique, assez répandu dans les bras du fleuve Saloum*, proche de Dyilôr*. Il occupe une place de choix dans l'imaginaire africain. Selon une légende que rapporte Senghor, il serait né de la pudeur d'une femme peule*, qui, surprise alors qu'elle se baignait nue dans le fleuve, se serait jetée à l'eau, honteuse, pour échapper au regard de l'indiscret et se serait transformée en lamantin.

Lamarque : néologisme formé à partir de la racine sérère « lam » (idée de commandement) ou du mot « lamane » (riche propriétaire rural, descendant du premier qui a cultivé les terres mais ne les cultive plus personnellement) et de l'idée de commandement contenue dans le suffixe -arque (monarque). Selon Senghor, le mot est, dans son œuvre, synonyme de chef de famille (p. 112).

Lanza : poète contemporain, critique de la civilisation occidentale, adepte de la non-violence et du retour aux traditions ancestrales. Son rayonnement spirituel fut grand pendant et après la guerre (p. 141).

Lêlé : chant d'amour chanté et dansé, accompagné d'un luth monocorde dans le nord du Sénégal (voir yêla*) (p. 108).

Lilanga : nom de femme, d'origine bantoue (p. 144).

Lion : animal totémique* du père de Senghor (Diogoye : le Lion). Senghor se présente, par la voix de Chaka, comme « Lion d'Éthiopie » (p. 118).

Lune : la lune a longtemps servi pour mesurer la période de temps ou lunaison qui s'écoule pendant qu'elle passe par ses différentes phases (près de 28 jours). La mission dont parle Senghor (p. 136) sera donc longue.

Maîtres-de-Saint-Louis : désigne la noblesse et rappelle la grandeur passée de Saint-Louis, premier établissement français au Sénégal (vers 1638) et première capitale de la colonie, ensuite supplantée par Dakar (p. 108).

Maître-de-sciences-et-de-langue : Le Maître-de-la-Parole est traditionnellement en Afrique celui qui a été initié aux pouvoirs secrets et à la connaissance attachés à la Parole. Senghor semble avoir créé ce terme à partir de Maître-de-la-Parole pour expliciter les deux fonctions de celui-ci (p. 107).

Mali (Empire du) : un royaume musulman du Mali fut fondé dès le XIIIe siècle, à partir du pays du même nom. Il absorba le Ghana et connut son apogée au XIVe siècle, s'étendant de l'Atlantique au Niger et contrôlant les principaux gisements aurifères du Soudan. Son déclin commença dès le XVe siècle.

Mamba : serpent venimeux d'Afrique (p.114).

Mandingue (ou malinké) : peuple des bords du Niger, fondateur de l'Empire du Mali* qui engloba une grande partie du Sénégal aux XIVe et XVe siècles (p. 146).

Mangue : fruit exotique très parfumé et sucré, fréquemment doté, du fait de sa chair pulpeuse, d'une connotation érotique (p. 117).

Manhattan : centre de New York, symbole de la réussite économique et financière des États-Unis, contient les rues et les monuments les plus célèbres (p. 116).

Manne : nourriture miraculeuse envoyée aux Hébreux dans le désert (voir *Bible*, Exode, 16, 15) ; par extension : don du ciel (p. 116).

Marigot : point d'eau stagnante, bras mort d'un fleuve ; souvent « lieu sacré » lié à un rituel d'initiation* (p. 150).

Marône Ndiaye : poétesse sérère*, morte en 1950 (p. 167).

Mbarodi : mot peul* signifiant « tueur », désigne souvent le lion, le crocodile ou le requin. Utilisé comme surnom de champions, particulièrement de lutteurs (p. 101).

Mésopotamie : du grec, pays entre les fleuves (en Irak, la Mésopotamie est la plaine entre le Tigre et l'Euphrate). Senghor s'en tient à l'étymologie pour désigner ainsi la région du Saloum (p. 143).

Mica : minerai à structure feuilletée, utilisé comme vitre, en plaque transparente (p.150).

Millésime : latinisme, peu usité comme adjectif, signifie ici millième ou millénaire (p. 100).

Montsouris : parc situé au sud de Paris (p. 143)

Musique africaine : elle se fonde sur l'apparente symétrie d'un rythme, sous-tendue par une ligne dissymétrique récurrente – « rythmique à contre-temps » dit Senghor–, dont les syncopes et dissymétries apportent au morceau sa dynamique : rythme cosmique du « troisième temps ».

Myrrhe : gomme aromatique tirée du balsamier ; associée avec l'encens dans des cérémonies religieuses (p. 152).

Narine : métaphore désignant le souffle de la vie (p. 100, 114).

Navette : instrument de tisserand, généralement en bois, contenant la bobine de trame, et se déplaçant en un mouvement alternatif. Ici (p. 141), les langues (« roses ») des jeunes filles « qui tissaient lêlés et yêlas » sont comparées aux navettes des tisserands de cette région.

N'deisane : mot wolof* et sérère* exprimant un sentiment, l'attendrissement aussi bien que l'admiration (p. 107, 131).

Négritude : ensemble des caractères, des manières de penser, de sentir, propres à la race noire. Le mouvement de la Négritude, auquel se rattachent de façon très autonome, Damas*, Césaire* et Senghor, est l'expression de toutes les interrogations des Africains et des Antillais, des années 30 à 50. La Négritude est le cri de protestation contre l'oppression matérielle et culturelle imposée par la civilisation occidentale. C'est également l'affirmation de l'originalité et de l'ancienneté de la culture noire et l'instrument d'une esthétique proprement afro-américaine fondée sur le rythme, la musique, la danse, la préférence accordée à l'image sur la logique. Le concept même de Négritude a été critiqué, parfois violemment, par de nombreux Africains qui le considèrent comme réducteur.

Néoménie : du grec, fête correspondant à la nouvelle lune (p. 26).

Nolivé : épouse ou fiancée de Chaka, dont le nom évoque la douceur du fruit. Tuée par Chaka pour des raisons de politique et de morale personnelles (voir « Chaka », p. 121-122).

Nomination : le nom des choses est considéré en général comme un simple moyen, arbitraire, de les désigner. Lorsque Senghor parle de nomination (voir « Postface », p. 159), il part du postulat que le nom de la chose est inséparable de sa réalité et nous met en présence de la chose elle-même (d'où le fait, par exemple, que souvent en Afrique connaître le nom véritable d'un individu donne pouvoir sur lui, aussi le tient-on secret).

Oint : du verbe oindre, frotter avec de l'huile, consacrer par une huile sainte (p. 129).

Orgue : grand instrument à vent, servant à la musique religieuse (p. 152,153).

Ouistreham : port du Calvados (Normandie) (p. 134).

Ouzougou : arbre d'Afrique qui fournit un bois précieux utilisé en ébénisterie (p. 101).

Pagne : pièce de cotonnade; vêtement traditionnel, surtout féminin, noué autour des hanches et descendant jusqu'aux mollets ou aux chevilles (p. 130, 152).

Palabre : assemblée coutumière, généralement réservée aux hommes, qui, au pied de « l'arbre des palabres », échangent les nouvelles et prennent les décisions importantes concernant la communauté. Le mot n'a pas en Afrique le sens que nous lui donnons volontiers de discussion stérile et interminable (p. 129).

Palétuvier : arbre tropical poussant dans les marécages et les eaux saumâtres (p. 112).

Patate douce : plante des régions chaudes qui donne de gros tubercules comestibles (p. 128).

Pentagramme (ou pentacle) : étoile à cinq branches, à connotation biblique ou occultiste, utilisée également par les Peuls nomades; considérée comme symbole magique (p. 113).

Peul : peuple qui, du nord du Sénégal, descendit vers le sud et créa un puissant royaume dans le Fouta-Djallong. Vainqueurs des Mandingues* à Élissa*, ils les chassèrent vers le pays sérère*. Jadis nomades, ils sont sédentarisés. La mère de Senghor était d'origine peule (p. 153).

Peuples du Sud : allusion aux peuples de l'Afrique du Sud, main d'œuvre exploitée pendant la période de l'apartheid (p. 124).

Peuples-de-la-Mer : allusion aux colonisateurs venus d'au-delà des mers (p. 140).

Pilon : instrument de forme cylindrique servant à piler le grain dans un mortier. Le terme a aussi un sens sexuel dans la langue familière (p.132, p. 144).

Pindare : (env. 518-438 av. J.-C.) poète grec, auteur d'odes triomphales. Il y célèbre ceux qui, aux grands Jeux de l'Antiquité -olympiques, pythiques, néméens et isthmiques- ont remporté des victoires spectaculaires, et il les rattache à une généalogie légendaire tout en dégageant de leur exemple une leçon de sagesse et de vertu.

Polder : marais littoral endigué et asséché, particulièrement aux Pays-Bas. Appartient à l'imaginaire européen de Senghor (p. 134).

Pomme-cannelle : fruit comestible (anone), très parfumé (p. 105, 127).

Ponant : pays du soleil couchant, occident (archaïsme) (p. 104).

Pool charbon-acier : premier témoignage du désir de l'Europe d'après-guerre d'établir une union économique, désigne le marché commun du charbon et de l'acier (et en arrière-plan l'exploitation capitaliste de l'Afrique qui était évidemment exclue de cette union). Cette expression, apparue dans les années 50, a été vite remplacée par Communauté européenne du Charbon et de l'Acier (CECA). Appliquée aux femmes, elle prend un sens grivois (p. 113).

Portugaises (pierres) : allusion aux forts* construits sur la côte du Sénégal par les Portugais.

Potopoto : boue, vase; d'où zone marécageuse (p. 100 et 102).

Poussin, (21 rue) : rue du 16e arrondissement de Paris, près de la porte d'Auteuil, peut-être domicile de Senghor? (p. 141).

Prétemps : néologisme désignant le temps des origines, sorte d'âge d'or du passé le plus ancien (p. 154).

Pruine : fine pellicule cireuse à la surface de certains fruits ou feuilles (p. 112).

Récade : bâton de messager qui, envoyé par le roi à un destinataire, se substitue au roi lui-même et autorise le porteur de la récade à donner connaissance du message royal. Emblème de l'autorité, généralement très décorée, la récade est entre les mains du roi une sorte de sceptre. Elle est souvent bicéphale (à deux têtes).

Rédimé : de rédimer (voir rédemption, p. 125), racheter (sens religieux) (p. 109).

Rônier : grand palmier au tronc droit et lisse (p. 107).

Roses-d'oreille : une des qualification humoristiques utilisées par les Noirs pour désigner les Blancs (ou « Oreilles-rouges » ou « z'oreilles », etc..) (p. 125).

Saba (Reine de) : voir Éthiopienne*.

Sall : nom de famille chez les Toucouleurs (branche sénégalaise de l'ethnie peule*, en fait Sérères* jadis conquis par les Peuls) (p. 108).

Salomon : roi d'Israël (Xe siècle av. J.-C.), réputé pour sa sagesse, sa puissance, son luxe et sa relation avec la Reine de Saba*.

Saloum : fleuve et région (ancien royaume) du Sénégal,

peuplée de Sérères*. Les rives du fleuve sont envasées, marécageuses et bordées de tanns*.

Saô : nom d'une peuplade du Tchad qui aurait adoré une déesse du même nom. Symbolise l'Afrique des temps anciens (p. 101).

Sapotille : baie très sucrée, fruit du sapotillier, arbre dont l'écorce soigne la fièvre (p. 150, 153).

Ségrégation : séparation impérative des populations de couleur d'avec les Blancs, à chaque moment de la vie quotidienne (résidence, transports, etc.). Cette politique dite d'apartheid, aujourd'hui abandonnée, a été légalement pratiquée en Afrique du Sud à partir de 1948. Elle a amené la plupart des pays africains d'abord, puis des démocraties occidentales à rompre progressivement leurs relations, au nom de l'antiracisme, avec la République Sud-africaine.

Septentrion : mot poétique, le Nord, ici l'Europe (p. 142).

Sérère : peuple originaire du sud de la Mauritanie. Animistes*, ils furent repoussés vers XIIe siècle par la progression de l'Islam et s'installèrent dans le sud, près du Saloum, et furent ensuite soumis par les Mandingues. Agriculteurs sédentaires ils représentent plus de 500 000 habitants et ont leur langue propre.

Serpent-minute : tout petit serpent inoffensif, considéré à tort comme immédiatement mortel (p. 121).

Signare : du portugais senhora, dame, ce terme désignait d'abord les riches dames mulâtres, en particulier à Saint-Louis du Sénégal ; a pris le sens de jolie femme (p. 146).

Signifiant : Tout signe linguistique unit un concept (ou sens) et une forme (généralement auditive) qui constitue le signifiant. Le rôle du signifiant est important en poésie parce qu'il touche la sensibilité musicale.

Signifié : voir signifiant. Le signifié désigne tout ce qui dans un mot ou agencement de mots concerne la signification.

Simal : rivière et village sérère*, situé à quelque 25 km. de Joal*, face à Dyilôr*.

Siné : rivière du Sénégal et région de peuplement sérère, entre Joal* et Diakhaw*. A longtemps constitué un royaume (p. 138).

Solstice de juin : époque où le soleil atteint son plus grand éloignement angulaire du plan de l'équateur. Le solstice de juin a lieu le 21 ou le 22 juin. Lorsque Senghor (« L'Absente », V) fait allusion « au solstice de Juin, comme dans l'an de la défaite et dans l'an de l'espoir » il songe probablement à l'appel du Général de Gaulle, le 18 juin 1940, « l'an de la défaite » et au débarquement du 6 juin 1944, « l'an de l'espoir » (p. 113).

Sopé : terme wolof*, chérie (p. 148).

Sorong : terme peul*, sorte de kora*. (p. 149)

Stégomyas : moustique des pays chauds, véhicule de la fièvre jaune (p. 99).

Striquer : de l'allemand Strich, coup de main, terme archaïque de fabrique de drap : finir, mettre la dernière main au drap (p. 154).

Surrection : en géologie soulèvement d'une zone de l'écorce terrestre. Chez Senghor, surgissement de la force vitale (p. 102, 112).

Syncope : rupture de rythme, note commençant sur un temps faible (une syllabe atone) et se prolongeant sur un temps fort.

Syncrétisme : mélange d'opinions et de croyances, parfois peu cohérentes entre elles. Dans le domaine religieux le syncrétisme est assez caractéristique du monde africain, associant volontiers au fonds animiste premier le monothéisme de l'islam et du christianisme, le goût pour les sectes et les « prophètes » messianiques.

Tabala : tam-tam de guerre (p. 99).

Tagant : massif montagneux au nord du Sénégal (p. 137).

Tama : petit tam-tam placé sous l'aisselle, utilisé par les griots* (p. 106).

Tamarin : ou plus fréquemment tamarinier, grand arbre qui pousse dans les régions tropicales (p. 119).

Tam-tam : instrument à percussion de fabrication artisanale formé d'une peau tendue sur une caisse de résonance. Il existe un grand nombre de variétés de tam-tams, affectés à des rôles bien précis (messages, guerre, deuil, etc.).

Tann : étendue plate bordant des lagunes intérieures et recouverte par la mer, lors des grandes marées.

Tata : muraille de terre entourant les villages fortifiés, d'où château (p. 104).

Teddungal : honneur, en peul*, d'où visite d'hommage à un notable (p. 109).

Tépide : du latin, tiède (p. 150).

Ton : terme de phonétique, changement de hauteur du son de la voix à un moment donné ; son particulier prononcé sur une note plus élevée. Les langues africains sont généralement des langues dites langues à tons (p. 141).

Totem : voir clan.

Trémuler : transitivement, agiter d'un mouvement semblable à un tremblement (p. 144).

Trigonocéphale : serpent venimeux qui vit dans les eaux marécageuses (p. 99, p. 112).

Troisième jour : selon la *Bible*, Dieu après avoir créé la lumière et le ciel, l'eau et la terre, permit aussi, le troisième jour, la reproduction des espèces, il créa « des fruits qui ont en eux leur semence, selon les espèces » (« Genèse », 1, 11).

Tsétsé : du bantou, mouche d'Afrique qui transmet la maladie du sommeil (p. 99).

Tuileries : en fait jardin des Tuileries, jardins ordonnés à la française, proches de la place de la Concorde, à Paris (p. 143).

Van : panier à fond plat qui sert à vanner, à séparer le grain de la paille et des poussières (p. 110)

Vent d'Est : désigne l'Harmattan*

Vineux : qui produit du vin, et qui est couleur de vin. Peut servir à nuancer une couleur (par ex. gris vineux) (p. 151).

Waï : cri de douleur ou d'étonnement, en sérère* et wolof*.

W'alo : du peul, région de terres inondables bordant le fleuve Sénégal (p. 109).

Wiking : chefs militaires scandinaves qui, après maintes incursions maritimes sur les côtes d'Europe finirent par s'installer durablement en Normandie vers le IXe siècle.

Woï : mot sérère*, toute sorte de chant et de poème (p. 114).

Wolof (ou ouolof) : peuple établi au nord-ouest du Sénégal, surtout musulmans, à la différence des sérères* voisins, plutôt animistes*. Leur langue, largement majoritaire dans le pays, en est langue officielle.

Yamoussoukro : village natal du Président Houphouet-Boigny, devenu capitale de la Côte d'Ivoire (Postface).

Yêla : chant d'amour chez les Peuls*, le yêla donne lieu à un ballet de jeunes vierges dont les tresses (« leur tête d'or ») sont parées de bijoux d'or et d'ambre (p. 108).

Zambèze : fleuve d'Afrique centrale qui, né en Angola, se jette dans l'Océan Indien (p. 121).

Zoulou : peuple de la côte Est de l'Afrique du sud (« Chaka », p. 120).

ÉLÉMENTS DE BIBLIOGRAPHIE

Les œuvres de Senghor

L'édition de travail, pour ce « Profil », est celle de l'*Œuvre poétique*. Coll. « Essais », Éd. du Seuil, 1990.

– *Liberté I* (« Négritude et Humanisme »), *Liberté III* (« Négritude et Civilisation de l'Universel »), Éd du Seuil, 1964 et 1977.

– *La Poésie et l'Action* (conversations avec M. Aziza), Stock, 1980.

– *Ce que je crois*, Grasset, 1988.

Études d'ensemble

Parmi les nombreuses études d'ensemble, nous retiendrons,

• pour la biographie :

J. Sorel, *Léopold Sédar Senghor : l'émotion et la raison*, Sépia, 1995.

• Pour les études générales :

– Sylvia W. Ba, *The Concept of Negritude in the Poetry of L.S.S.*, Princeton Univ. Press, 1973.

– Geneviève Lebaud, *L.S.S. ou la poésie du royaume d'enfance*, NEA, 1976 et *Imagination et création dans l'œuvre de L.S.S.*, L'Harmatan, 1995.

– G. Gawdat Osman, *l'Afrique dans l'univers poétique de L.S.S.*, NEA, 1978 (accompagnée d'un lexique).

– M.M. Marquet, *Le Métissage dans la poésie de L.S.S.*, NEA, 1984.

– J.-P. Sartre, « Orphée noir » (introduction à l'*Anthologie de la nouvelle poésie nègre et malgache de L.S. Senghor*, PUF, 5e éd. 1985 (p. IX-XVIV).

– R. Jouanny, *Les Voies du lyrisme dans les « Poèmes » de L.S.S.*, Champion, 1986 (accompagnée d'un lexique).

– L. Kesteloot, *Comprendre les poèmes de Senghor*, Saint-Paul/Éd. africaines, 1986 (études de quelques thèmes, avec un lexique).

– F. de Saint-Chéron, *Senghor et la terre*, Éd Sang de la terre, 1988.

– J. Nespoulous-Neuville, *L.S.S. de la tradition à l'invention*, Éd. du Seuil, 1988.

Études sur *Éthiopiques*

La seule étude disponible consacrée à *Éthiopiques* est celle de :

– D. Delas, *« L'Absente » de L.S.S. Lecture blanche d'un texte noir*, Temps actuels, 1982.
(Cette étude a pour principal objectif de proposer une analyse structurale du texte de Senghor.)

On trouvera, en revanche des études consacrées à tel ou tel point de détail dans des ouvrages collectifs ou généraux :

– *Revue d'Histoire littéraire de la France*, n° 2, 1988 (« L.S.S. », voir Autrand, « La Négritude et son chant selon Claudel et Senghor », Joubert, « Sur le Chaka de L.S.S. » ; Jouanny, « Senghor poète des initiations »).

– Revue *Sud*, 1987 (« L.S.S. » voir Boughali, « La métaphore végétale chez S. » ; Steinmetz, « À la rencontre de la Reine de Saba » ; Kesteloot, « Les trois temps de l'inspiration dans le Kaya Magan »).

– *Péguy-Senghor. La Parole et le monde* (sous la dir. de J.-F. Durand), L'Harmattan, 1996 (voir A. Ly, « Le Kaya-Magan, une lecture biblique d'un poème de L.S.S. »).

– R. Jouanny, *Tracées francophones I*, L'Harmattan, 1996(« Place et rôle de la culture gréco-latine chez L.S.S. » ; « Senghor lecteur noir d'écrivains blancs », « Trois poètes à New York : Garcia Lorca, Senghor, Dadié » ; « Corps impudiques, corps mémorables » [sur Senghor, Eluard et Saint-John Perse]) et dans la revue *Éthiopiques* [Dakar], n° 57, 1993 (« Une lecture de A New York »).

On trouvera une bibliographie plus complète mais déjà ancienne, dans *l'Information littéraire*, n° 4, 1986.

INDEX DES THÈMES ET DES NOTIONS

Les chiffres renvoient aux pages du « Profil ».

PROFIL LITTÉRATURE

PROFIL D'UNE ŒUVRE

voir suite

Achevé d'imprimer sur les presses de la Société Nouvelle Firmin-Didot
Dépôt légal n° 10369 - août 1997
N° d'impression : 39558